1967 LA MEMOIRE DU SIECLE

LA GUERRE DES SIX JOURS

LA VICTOIRE EMPOISONNÉE

PIERRE HAZAN

EDITIONS COMPLEXE

SOMMAIRE

L'ENGRENAGE

UNE VICTOIRE EMPOISONNÉE

La guerre de juin 1967 qui oppose Israël à l'Égypte, la Jordanie et la Syrie est un coup de tonnerre dans l'histoire troublée du Moyen-Orient : en l'espace de six jours, dans un climat de passion et parfois d'hystérie, le centre de gravité de cette région bascule. La planète frôle le conflit nucléaire, alors qu'Israël annexe Jérusalem, quadruple de superficie et s'érige en puissance régionale. Gamal Abdel Nasser, hier encore leader du monde arabe sort brisé de cette défaite. Trois cent mille Palestiniens choisissent le chemin de l'exil. Certains crurent voir dans cette cascade d'événements, la main du Seigneur qui avait béni les uns et abandonné les autres.

Tant du point de vue de l'histoire des relations internationales que de celle des mentalités, cette guerre-éclair provoque un véritable séisme dont les ondes de choc modifient la substance même du conflit. Elle redessine les frontières du Moyen-Orient, place la question palestinienne au cœur du différend israélo-arabe, redéfinit le jeu des alliances avec les grandes puissances, galvanise les nationalismes israélien et palestinien, déstabilise vainqueurs comme vaincus et entraîne, par une réaction en chaîne, la Jordanie, puis le Liban dans la guerre civile. L'effet sur les mentalités n'est pas moindre : jamais et sans doute jamais plus, le capital de sympathie accumulé par l'État hébreu ne fut si grand. Mais David ayant terrassé le Goliath arabe, l'opinion publique occidentale se détourne progressivement du vainqueur pour voir en la figure du Palestinien, la victime spoliée de ses droits nationaux. En Israël même, la victoire éclatante qui permet l'annexion de Jérusalem ouvre une ère nouvelle dans l'histoire agitée de ce pays. Par-delà les considérations traditionnelles de défense, l'union du nationalisme et de la théologie justifie une nouvelle lecture de l'espace israélien, d'un Israël plus grand, plus fort, qui serait le digne fils du peuple juif de la Bible. Quant aux pays arabes, l'humiliation de la défaite jette le discrédit sur les gouvernements et entraîne un retour aux valeurs islamiques.

Cette crise politique qui se transforme lentement en un engrenage inexorable, fascine. Depuis la Seconde Guerre mondiale, jamais le pouls de l'opinion publique internationale n'a battu si fort pour une crise régionale. Il est vrai que tous les ressorts de la dramaturgie y figurent : le conflit israélo-arabe met aux prises des peuples aux destins tragiques, marqués soit par la barbarie nazie, soit par le colonialisme, une région stratégique que se disputent férocement les grandes puissances, un secrétaire général des Nations unies particulièrement incapable, le tout dans une tension souvent paroxystique, où non seulement se joue la vie de l'État d'Israël, mais aussi celle de l'humanité tout entière. L'engrenage qui commence à la mi-mai 1967, se pimente encore de jeux d'alliances complexes, de rebondissements inattendus, d'interventions d'innombrables acteurs et d'un dénouement particulièrement spectaculaire.

Carrefour stratégique, riche de son pétrole, le Moyen-Orient est une plaque sensible des relations internationales. La crise de 1967 montre que cette région est devenue le point nodal de trois champs de rivalité :

Le Moyen-Orient reste l'un des hauts lieux de l'affrontement entre l'Est et l'Ouest. A la faveur de la crise de Suez en 1956, l'Union soviétique a pénétré dans ce qui était jusque-là, la chasse gardée des puissances occidentales. Elle a financé la construction du barrage d'Assouan et équipé l'armée égyptienne de pied en cap. Le Caire ne représente que le premier succès de la diplomatie de Moscou au Moyen-Orient. Par la suite, c'est au tour du régime de Damas, suivi de l'Irak « démocratique » et du Yémen « progressiste » de se rapprocher de l'URSS. Khrouchtchev, puis le tandem Brejnev-Kossyguine ont vu avec satisfaction, le « sens de l'Histoire » avancer inexorablement dans la direction de l'Union soviétique. Ce climat d'optimisme, entretenu par le renforcement constant des positions régionales de l'URSS, a imprégné la perception du Kremlin pendant les heures chaudes de mai et de juin 1967. De façon symétrique, les puissances occidentales sont placées sur la défensive : depuis la débâcle de Suez, le drapeau de l'Union Jack ne flotte plus qu'à l'ouest du canal égyptien et la France n'a pas encore fini de panser les plaies de la guerre d'Algérie. Quant à la diplomatie américaine, son attention est focalisée sur la guerre du Vietnam où Kennedy, puis Johnson ont envoyé un contingent militaire qui ne cesse de croître. Quatre à cinq cent mille boys sont empêtrés dans le bourbier vietnamien quand survient la tension de la mi-mai 1967 au Moyen-Orient.

La décolonisation puis l'amorce de la détente entre les États-Unis et l'Union soviétique libèrent des forces nouvelles sur l'échiquier international. Simples enjeux de la lutte entre les deux camps, les nouveaux États deviennent, peu à peu, des sujets actifs de politique internationale. Cette autonomie des acteurs régionaux se solde dans le monde arabe par une profonde instabilité. La guerre du Yémen oppose les régimes « progressistes » aux pouvoirs conservateurs, les coups d'État se succèdent en Syrie et en Irak, et des gouvernements bien fragiles président aux destinées de la Jordanie et du Liban. C'est sur ce fond politique troublé, que se greffent les événements de mai et de juin 1967.

Reste la dimension centrale de cette guerre : le conflit israélo-arabe. Depuis sa création en 1948, le monde arabe n'a jamais reconnu l'État d'Israël. Avant la guerre de juin, un million trois cent mille Palestiniens croupissent dans des camps de réfugiés en revendiquant sans succès leur droit à l'auto-détermination. Pour eux comme pour les gouvernements arabes, la solution du conflit suppose l'annihilation de l'État hébreu.

Situés à l'intersection de ces trois champs de conflits — rivalités Est-Ouest, contradictions arabes, conflit israélo-arabe —, les effets de la guerre des Six Jours obligent à repenser entièrement les données stratégiques et politiques qui régissent le Moyen-Orient. C'est ce changement de perspective que décrivent les pages qui vont suivre. Borné d'un côté par la crise politique qui commence par le télégramme soviétique du 12 mai et, de l'autre, par la résolution 242 des Nations unies du 22 novembre 1967, le troisième round de la confrontation armée entre Israël et ses voisins est, jusqu'au bout, placé sous le signe du paradoxe : une guerre que ni les protagonistes directs, ni les grandes puissances, ne désirent véritablement, une guerre qui n'aurait jamais dû éclater, bouleverse de manière imprévisible le rapport des forces au Moyen-Orient. Mais, cette victoire foudroyante des Israéliens, qui leur donne l'illusion de la sécurité, se retournera peu à peu contre eux. Ainsi, par deux fois, l'Histoire aura rusé.

Les prémisses de la crise politique

En janvier 1967, rien ne laisse présager qu'une guerre qui va embraser tout le Moyen-Orient est sur le point d'éclater. Certes, les esprits sont en train de s'échauffer, mais Gamal Abdel Nasser, l'homme fort de la région, s'est jusqu'ici gardé de tout aventurisme face à Israël. En dépit d'une rhétorique violente, il mène une politique de relative modération. Les armées arabes, pense-t-il, ne sont pas encore prêtes à affronter l'ennemi sioniste. Prudemment, depuis 1957, il s'abrite derrière le cordon formé par les 3 400 Casques bleus des Nations unies, qui séparent les forces israéliennes des troupes égyptiennes. Nasser pourtant abandonne dans les journées chaudes de mai 1967, sa politique traditionnelle. De gardien du statu quo, Nasser se transforme en l'espace de quelques jours, en boute-le-feu. Il devient la pièce-maîtresse de l'engrenage inexorable qui se met en place. Pourquoi se laisse-t-il entraîner sur la voie de la passion et de la démagogie ? Sans doute, faut-il plonger dans la psychologie du leader égyptien. Son étoile commence à pâlir, sa politique de prudence est mise à mal par les dirigeants de Damas qui jouent la surenchère dans le conflit avec Israël. Les feddayin, qui représentent *« la cause sacrée du monde arabe »*, frappent l'État hébreu à des dizaines de reprises, depuis la Jordanie, le Liban et la Syrie. Mais en Egypte, Nasser leur tient la bride sur le cou et parfois même emprisonne les éléments les plus actifs.

Le cycle des actions de commandos suivies de représailles israéliennes commence. Le 13 novembre 1966, en riposte à une série de raids palestiniens effectués depuis le territoire jordanien, les Israéliens lancent l'une de leurs plus importantes opérations militaires jamais faites en territoire ennemi. La cible : le village de Samoa en Jordanie, base des guérilleros palestiniens. Le haut-commandement israélien ne lésine pas sur les moyens : aviation, artillerie et infanterie participent à cette opération combinée. Des dizaines de maisons sont détruites et les forces de la Légion arabe, venues en renfort, sont anéanties. Le roi Hussein accuse Le Caire de jouer la carte palestinienne sur son dos, alors que les Egyptiens eux-mêmes se gardent bien de laisser la moindre initiative aux feddayin sur leur territoire, préférant s'abriter peureusement derrière les forces de l'ONU. Le ton entre les deux capitales arabes est à l'invective.

A la frontière syrienne, la tension ne cesse de croître. Du haut du Golan, l'artillerie syrienne pilonne les kibboutz de la vallée et les opérations de sabotage se poursuivent. Le 7 avril 1967, l'aviation israélienne attaque le Golan. Des migs syriens interviennent. L'issue du combat se solde par une cuisante défaite pour Damas : six de ses appareils sont détruits par la chasse israélienne. Le président Atassi rappelle l'Egypte à son devoir de solidarité, formalisé par le traité de défense entre les deux pays. Mais le dirigeant égyptien se contente de protestations verbales. Nasser, celui qui prêche la révolution dans le monde arabe, celui que les régimes conservateurs considèrent comme le pyromane du Moyen-Orient et qu'ils redoutent comme la peste, celui qui par la puissance de son verbe est capable de soulever l'enthousiasme et la liesse populaire aussi loin qu'arrive sa propagande, prend l'allure d'un tigre en papier. La Syrie révolutionnaire se moque du leader égyptien trop timoré. Même le modeste royaume hachémite, nargue le grand Nasser qui prêche la révolte à l'extérieur et emprisonne les militants palestiniens chez lui.

Nasser est en perte de vitesse : lui, l'étoile qui brillait au firmament du panarabisme est en train de dangereusement s'affadir. Il a plongé son armée dans le bourbier yéménite et Syriens et Jordaniens se gaussent de son inaction face à Israël. Avide de redorer son blason, Gamal Abdel Nasser fait monter vertigineusement les enchères. Il prend des positions en flèche contre l'État hébreu. Son drame est de se laisser prendre au piège de sa propre rhétorique. Débute alors une course folle.

L'engrenage

Trois semaines de crise politique internationale précèdent un conflit au terme duquel l'État d'Israël, menacé d'être rayé de la carte, devient la puissance dominante du Moyen-Orient. Tout commence le 12 mai. Une dépêche de presse de l'agence UPI indique que selon « *une source élevée israélienne, l'État hébreu se préparerait à une action militaire limitée contre l'armée de Damas, si des terroristes syriens continuent de se livrer à des raids de sabotage en Israël* ». Le jour même, plusieurs capitales arabes reçoivent un télégramme de Moscou qui fait état de « *concentrations de troupes israéliennes sur la frontière nord, en vue d'une attaque-surprise contre la Syrie* »[1]. Aussitôt, le président syrien demande aux Égyptiens de mettre en application le pacte de défense mutuelle qui les lie.

Malgré des rapports tendus avec Damas, Gamal Abdel Nasser n'hésite pas : il mobilise ses troupes. Ses raisons officielles sont d'ordre idéologique : le gouvernement de Damas comme celui du Caire appartiennent tous deux au camp révolutionnaire en butte « *à l'hostilité des forces sionistes, des régimes réactionnaires arabes et de l'impérialisme américain* ». Par solidarité socialiste, il vole donc au secours de son allié, le président Atassi, comme il le déclarera par la suite (le 23 juillet 1967, lors du discours d'Indépendance) : « *Nous savons tous que cette crise a commencé avec la volonté israélienne d'envahir la Syrie. Il était clair pour nous que dans cette politique, Israël n'était pas seul, mais était soutenu par les forces qui perdaient patience devant le mouvement révolutionnaire arabe* » [2].

Pourtant, il n'est pas sûr que le leader égyptien croie véritablement à l'imminence d'une attaque israélienne. Il envoie son chef d'état-major, le général Fawzi à Damas afin d'en savoir plus sur les prétendues menaces israéliennes. Celui-ci constatera que « *les Soviétiques devaient avoir eu des hallucinations* » pour faire pareilles déclarations [3].

Le 14 mai, la tension monte d'un cran. Nasser ordonne le déplacement des forces égyptiennes en direction du Sinaï. En grande pompe et à grand renfort de publicité, l'armée égyptienne quitte Le Caire. Beaucoup d'observateurs ne voient dans cet étalage de puissance du président égyptien, qu'une opération d'intimidation, destinée à la consommation intérieure. Le régime de Amman nargue le raïs pour ce nouveau coup d'éclat, aussi creux que tapageur.

De leur côté, les Israéliens ne contribuent pas à éclaircir la situation. Ils envoient des signaux contradictoires au monde arabe, alternant menaces de représailles et démentis de toute opération militaire en préparation. Ce double discours s'avère être le plus sûr moyen d'inquiéter leurs ennemis. Le 14 mai, le général Rabin laisse entendre que Damas paiera cher son attitude belliciste. De son côté, le Premier ministre avertit qu'Israël n'acceptera aucune entrave à la liberté de navigation dans la mer Rouge et menace d'une réaction militaire en cas de poursuite de « terrorisme ». Si ces déclarations visent aussi l'Egypte, c'est toutefois la Syrie qui semble être en premier lieu désignée par les responsables de l'État hébreu. Dans le camp arabe, ces propos sont interprétés comme une volonté d'en finir avec le régime syrien. L'atmosphère en ces jours, est chauffée à blanc par le cycle des raids palestiniens et des représailles israéliennes.

Le gouvernement de Tel-Aviv a beau démentir l'existence de concentrations de troupes à la frontière syrienne, la suspicion demeure. Le 15 mai, le porte-parole de l'armée israélienne affirme : « *Les seules concentrations en Israël sont celles de touristes.* » Jérusalem autorise des observateurs des Nations unies à vérifier les allégations arabes. Le secrétaire général des Nations unies, U Thant, écrira dans son rapport du 19 mai, que « *... les observateurs de l'UNTSO ont confirmé l'absence de concentration de troupes des deux côtés de la frontière* ».

Le 16 mai, la montée de la tension continue. Le quotidien égyptien *Al Ahram* annonce que « *de sources sûres, la République Arabe Unie entrera en guerre si la Syrie est l'objet d'une agression menaçant son territoire ou sa sécurité* ». Le même jour, l'état-major déclenche l'état d'alerte maximum. La dégradation de la situation s'accompagne d'une propagande arabe hargneuse, voir haineuse à l'égard d'Israël, alors que la tension reste toujours aussi vive entre pays « progressistes » et pays « conservateurs » arabes. Sur les radios, soumises aux monopoles de l'État, la violence des commentaires atteint son comble. Radio Le Caire est loin d'être la dernière dans cette surenchère verbale. Jour après jour, elle amalgame les États-Unis et l'État hébreu aux régimes conservateurs arabes, pour mieux occire « *les forces de l'impérialisme* » : « *Tenant en compte le potentiel israélien, l'aide impérialiste donnée par la 6ᵉ flotte américaine, la trahison attendue du roi Hussein, les tricheries du roi Faysal, la provocation délibérée de Bourguiba, toute collusion entre les Américains et Israël en 1967 (...) détruira la présence américaine au Moyen-Orient (...) Nous vous mettons au défi, Eshkol, de tester vos armes... elles conduiront à la mort et à l'annihilation d'Israël.* »

Le retrait des Casques bleus de l'ONU: la maladresse de U Thant

Le mince rideau de la force d'urgence des Nations unies (FUNU) empêche tout conflit généralisé entre l'Égypte et Israël. Mais, disposée uniquement sur le sol égyptien, la présence de la force d'interposition dépend du bon vouloir du raïs. Le 16 mai 1967, Gamal Abdel Nasser décide de faire évacuer les Casques bleus de leurs positions et de les concentrer à Gaza, à Kuntila et à Sharm El Sheikh. Un émissaire égyptien remet au commandant des forces de l'ONU, un message signé du chef d'état-major égyptien, Mahmoud Fawzi. Le message stipule: « *... afin de garantir la sécurité des soldats de la Force d'Urgence, je vous demande de donner l'ordre à ces soldats d'évacuer leurs retranchements à la frontière et de se regrouper dans leurs bases...* » Le même jour, les blindés égyptiens se massent près de la frontière israélienne.

Nasser croit avoir joué un coup de maître. En demandant le retrait partiel de la FUNU, il donne des gages de sa solidarité arabe contre l'ennemi sioniste et désarmorce les critiques à son égard. Toutefois, il prend garde de ne pas provoquer Israël, en conservant les troupes des Nations unies dans les endroits les plus sensibles, respectivement Gaza et Sharm El Sheikh. Le gouvernement israélien ne s'affole pas : Nasser ne veut pas la guerre. Il entend seulement faire une démonstration de force à l'usage des pays arabes.

Le général indien Rikhye, chef de la Force d'Urgence demande des instructions au Secrétaire général des Nations unies, le Birman, U Thant. Ce dernier interprète la manœuvre de Nasser comme les Israéliens. Pourtant, il commet une magistrale erreur. Il aurait pu temporiser en attendant que la situation se calme, mais il préfère lancer un ultimatum à Nasser : soit les Casques bleus se retirent d'Egypte, soit ils restent sur leur position, lui fait-il publiquement savoir. Le raïs n'a donc le choix qu'entre un retrait pur et simple et un statu quo humiliant. Il ne perd pas son temps en tergiversations et ordonne le départ des Casques bleus. Le 18 mai, la FUNU se retire, laissant Israéliens et Egyptiens face à face. En 48 heures, le dernier verrou de sécurité a sauté. Plus rien n'empêche la guerre.

Pourtant, le Birman installé au 38e étage de sa tour de verre à New York avait tous les atouts de son côté. Un mémorandum secret établi entre Nasser et le prédécesseur de U Thant, Dag Hammarskjöld, exigeait un accord préalable entre les Nations unies et le gouvernement égyptien pour le départ de la force d'urgence. Accord préalable qui, bien entendu, ne prendra jamais forme.

Le Secrétaire général commet là une bévue impardonnable. Non seulement, il perçoit mal le processus d'escalade qui va déboucher sur la guerre, mais de plus, il y contribue activement. La nouvelle situation créée par le retrait de la FUNU est explosive : à Sharm El Sheikh, les forces égyptiennes se retrouvent face aux bateaux israéliens qui passent dans le détroit de Tiran pour rejoindre Eilat. Laisser en l'état la nouvelle situation signifierait pour Nasser se ridiculiser aux yeux du monde arabe : lui, le héros de l'arabisme qui proclame depuis toujours vouloir liquider l'État sioniste, resterait les bras croisés alors que les navires ennemis passent à quelques encâblures de ses forces ? Reste donc à fermer le détroit de Tiran à la navigation israélienne. Mais le Premier ministre Lévi Eshkol l'a dit et répété : toute fermeture de la voie d'eaux aux navires battant le pavillon bleu et blanc, équivaudrait à un casus belli. Dans tout le Moyen-Orient, le climat se dégrade. Charles Yost, l'ambassadeur américain aux Nations unies qui tente vainement de sauver la paix, déclare : *« Le 17 mai, la crise avait atteint une telle intensité que chacun des partenaires semblait lancé dans une course incontrôlable »* [4]. Le 20 mai, Israël procède à une mobilisation partielle des réservistes. Les Syriens regroupent à la frontière de nouvelles unités d'infanterie et les Égyptiens retirent des troupes du Yémen pour parer à toute éventualité. Ils massent leurs forces dans le Sinaï où le 22 mai, selon les Israéliens, 80 000 hommes sont sur pied de guerre. L'ensemble des États arabes se déclarent solidaires en cas d'attaques contre l'un d'entre eux. Le même jour, le leader palestinien Choukeiri proclame qu'Israël sera détruit.

La fermeture du détroit de Tiran

Le 24 mai, le point de non-retour est atteint. Nasser choisit la fuite en avant. Devant les officiers de l'armée de l'air, il affirme : *« Le détroit de Tiran se trouve dans les eaux territoriales arabes. Nous ne permettrons plus le passage par le golfe d'Akaba de navires israéliens ni de bateaux tiers transportant du matériel stratégique à destination d'Israël. C'est dans ce but que nos forces se trouvent à Sharm El Sheik. Si les dirigeants israéliens et le général Rabin désirent la guerre, Ahalen Vesahalen, ils sont les bienvenus, nous les attendons* »[5].

Qu'est-ce qui pousse le président égyptien à risquer l'ouverture d'un conflit? On ne peut que spéculer sur ses motivations. Convaincu par ses conseillers de la force de son armée et de la piètre valeur du leadership israélien, le raïs tient là l'occasion rêvée d'effacer « *les traces de 1956* ». La libre circulation des navires israéliens dans le détroit de Tiran que l'État hébreu a imposé par la force 11 ans plus tôt, est rayée d'un trait de plume par la décision de Nasser. En mettant le gouvernement israélien devant le fait accompli, il pense que tout n'est pas joué. Le blocus n'est pas vital pour les intérêts israéliens, car seuls 5% du commerce de l'État hébreu transite par le détroit. Il estime à une chance sur deux, le risque de guerre.

Sans doute aussi, Nasser est-il gagné par l'euphorie qui règne dans le monde arabe. Stopper le processus d'escalade n'aurait pas été compris par les foules en liesse qui voient dans le déroulement de cette crise, une juste revanche des opprimés de l'Histoire. Le bilan qu'il établit au soir du 28 mai est fantastiquement positif: ses manœuvres politiques ont été jusqu'ici couronnées de succès. Sans avoir tiré un seul coup de feu, le raïs a renversé à son profit, la situation établie lors « *de l'agression tripartite de 1956* ». Il a chassé la FUNU et fermé le détroit à destination d'Israël. Les paramètres politiques et militaires sont au beau fixe: le soutien arabe et soviétique, la position bienveillante de la France, les cafouillements politiques de l'ennemi, l'armada basée dans le Sinaï, tout, absolument tout, le conforte dans sa politique d'intimidation. Il n'exclut pas la possibilité d'une attaque israélienne contre l'Égypte, mais s'attend à ce que son armée amortisse l'assaut ennemi avant de se lancer dans une contre-offensive victorieuse et définitive. Cent mille de ses soldats et 800 tanks sont concentrés dans le Sinaï.

La solidarité arabe atteint son zénith : Algériens, Marocains, Koweitiens et Saoudiens se disent prêts à soutenir militairement l'effort de guerre des pays de la ligne du front. L'Irak décide d'envoyer des troupes en Égypte, en Syrie et en Jordanie. Le 29 mai, l'Arabie Séoudite fait savoir que 20 000 de ses soldats se sont déployés dans la région d'Akaba. Pris dans cette spirale, Nasser autorise les feddayin à recommencer leurs raids à partir de Gaza. Le camp arabe a pris l'initiative de la situation.

Ces événements qui prennent Nasser au plus bas de sa cote de popularité pour le porter sur les cimes les plus élevées, à quelque chose de proprement vertigineux. Le peuple arabe, hier encore si divisé, se retrouve derrière lui, uni comme les cinq doigts de la main. Lui, le chantre du panarabisme a réussi son vieux rêve : souder la nation arabe. Arrivé ainsi au zénith de sa popularité, le raïs égyptien ne peut plus faire marche arrière, — pour autant qu'il en ait eu l'envie —, sans être frappé du sceau de l'infamie et de la trahison. Porté par le peuple arabe, Nasser est conscient que par-delà la fermeture du détroit de Tiran, il est devenu le symbole de l'émancipation des peuples du Tiers-Monde contre le colonialisme et l'impérialisme. Son confident Heykal écrit dans *Al Ahram* du 26 mai : « *Ce qui est en jeu n'est pas le Golfe d'Akaba, mais quelque chose de plus ambitieux : c'est toute la philosophie de la sécurité d'Israël* » et il conclut « *une confrontation armée (...) est inévitable.* »

La politique soviétique : la stratégie de la tension

L'URSS et les USA entendent ne pas se laisser entraîner dans un conflit qu'ils ne maîtrisent pas. Le spectre de la guerre nucléaire n'est pas loin et nul n'est prêt, pour des intérêts non vitaux, à déclencher une troisième guerre mondiale. C'est l'un des rares points de convergence entre Soviétiques et Américains. Pour le reste, la lecture qu'ils font de la situation les conduit à mener des politiques diamétralement opposées. Les États-Unis cherchent à éviter tout affrontement. Déjà empêtrés dans le bourbier vietnamien, les Américains ne veulent pas s'impliquer dans un autre conflit. Comme le dit Johnson à l'un de ses conseillers : *« Ceux qui exigent de moi, à cor et à cri, de ne plus envoyer un seul soldat au Vietnam, me demandent de dépêcher tous les porte-avions américains dans le golfe d'Akaba ! »*

Tout autre est la politique soviétique. La stratégie de la tension permet à l'Union soviétique de viser plusieurs objectifs : au niveau régional, elle craint pour la stabilité du régime syrien proche du sien. En effet, Damas est son plus sûr allié au Moyen-Orient. Le gouvernement mène une guerre idéologique contre *« le complot réactionnaire impérialiste et sioniste »* au nom de la doctrine de la *« guerre de libération populaire »*. Sur le terrain, cette politique se traduit non seulement par le soutien à *« la lutte de libération nationale »* que mènent les feddayin palestiniens, mais aussi par l'opposition aux intérêts occidentaux et aux gouvernements arabes *« valets de l'impérialisme »*, comme celui du roi Hussein de Jordanie. Moscou compte donc, à la fois, ressouder l'unité nationale à un moment où le régime de Damas traverse une crise intérieure, et resserrer l'axe *« progressiste »*, Le Caire-Damas. Au niveau international, l'engagement américain bat son plein au Vietnam. En allumant plusieurs foyers de tension, en créant non pas un, mais dix Vietnam, la diplomatie soviétique met les Américains sur la défensive.

Le meilleur allié de l'URSS au Moyen-Orient est la

Syrie. En mai 1967, le gouvernement de Damas vacille. Basé sur une alliance difficile entre différents groupes musulmans minoritaires, le pouvoir est impopulaire auprès des Sunnites, et encore davantage affaibli par les divisions entre Alaouites et Druzes. La stabilité du régime est d'autant plus menacée que certains membres du régime baassiste ont dénoncé le rôle de la religion, ce qui a le don d'exaspérer le puissant clergé musulman. Si le gouvernement s'effondre, les relations entre Damas et Moscou sont compromises. Afin de pallier au mécontentement, les Soviétiques font diversion sur l'ennemi sioniste en cherchant à accréditer la thèse d'un danger militaire israélien contre la Syrie. Ceci explique le télégramme soviétique du 12 mai, puis l'embarras de leur ambassadeur en Israël, M. Chevakin, quand celui-ci doit décliner la proposition que lui fait Lévi Eshkol de vérifier par lui-même l'absence de concentrations de troupes dans la zone frontière qui borde la Syrie.

La politique du Kremlin contribue à épaissir l'atmosphère au Moyen-Orient. Johnson reçoit un télégramme très sec de Moscou, l'avertissant d'une probable intervention des Soviétiques en cas de conflit : « *Les informations selon lesquelles l'Égypte se prépare à attaquer Israël sont complètement fausses. En revanche, selon nos renseignements, Israël envisagerait une action armée contre ses voisins (...) Si Israël prenait l'initiative d'une action militaire, l'Union soviétique aiderait les pays attaqués.* » Le 24 mai, au lendemain de la fermeture du golfe d'Akaba, le gouvernement soviétique avertit qu'il ne tolérera pas « *une lâche agression* » : « *L'Union soviétique a aidé pendant des dizaines d'années les peuples des pays arabes à mener leur juste lutte de libération nationale contre le colonialisme et l'impérialisme. Il ne doit subsister aucun doute pour personne, celui qui se risquerait à déclencher une guerre au Proche-Orient, se heurtera non seulement à la force associée des pays arabes, mais aussi à la riposte énergique de l'Union soviétique et de tous les pays épris de paix...* » [6]. L'avertissement est clair. De plus, les Soviétiques font pression directement sur les Israéliens pour les dissuader de toute tentation militaire. Kossyguine envoie un télégramme adressé à Lévi Eshkol, qui demande de « *régler le conflit par des moyens pacifiques* ».

La stratégie de la tension permet à Moscou de pousser ses pions au Moyen-Orient. La volonté de l'Union soviétique de s'implanter en Méditerranée explique ses livraisons d'armes aux pays arabes et ses encouragements dans leur lutte « *anti-sioniste* ». Pour parvenir à ses fins, Brejnev juge les Syriens utiles et Nasser commode : « *C'est une tête en l'air,* affirme-t-il au sujet de ce dernier, *au moins en ce qui concerne les questions d'idéologie. Mais c'est un brave homme, et il a prouvé qu'on pouvait miser sur lui. Il a la trempe pour se placer à la tête du mouvement de libération arabe, ce qui pour nous, au stade actuel, est d'une valeur inestimable...* » [7]. Mais à la fin mai 1967, lorsque le risque de guerre généralisée devient réel, la diplomatie soviétique est confrontée à la quadrature du cercle : elle veut éviter l'explosion, de crainte que le conflit du Moyen-Orient ne dégénère en guerre nucléaire, tout en ne se désolidarisant pas des Arabes, qui se sont engagés dans une course à l'abîme.

La dissuasion israélienne n'est plus crédible

Le ton monte entre l'état-major, qui fourbit consciencieusement ses armes, et le pouvoir politique, frappé de paralysie. Au grand dam des généraux, cette passivité ruine la capacité dissuasive de l'armée israélienne. Le gouvernement projette une image si faible, que les Arabes croient pouvoir ne faire qu'une bouchée d'un si piètre ennemi.

L'atmosphère est au drame, lorsque le cabinet israélien se réunit le 23 mai. Le blocus égyptien est considéré comme une déclaration de guerre. Devant la dégradation de la situation, le gouvernement réagit en hâtant les préparatifs militaires. Toutefois, le Premier ministre entend explorer la voie politique jusqu'au bout, car il éprouve des doutes sur la capacité de l'armée israélienne à vaincre l'ennemi.

Abba Eban, le ministre des Affaires étrangères part en tournée à Paris, Londres et Washington. Il espère que les grandes puissances contraindront Nasser à lever le blocus d'Akaba. Le 24 mai, Charles de Gaulle le reçoit. Celui-ci va droit au but : « *Ne faites pas la guerre* », lance-t-il à son visiteur israélien, avant de poursuivre : « *Pour moi, celui qui tire le premier coup de feu ouvre les hostilités.* » De crainte d'une guerre nucléaire, la France n'appuiera pas Israël dans son différend avec l'Égypte. Pire que cela, elle n'entreprendra aucune démarche pour faire plier la détermination de Nasser. De Gaulle pense que seule une réunion des quatre Grands pourrait sauver la paix. Mais rapidement, l'Union soviétique fait savoir qu'elle est hostile à une telle conférence. Étrangement, pour l'homme de l'appel du 18 juin, celui qui a sauvé l'honneur de la France en 1940, Israël doit se soumettre au diktat égyptien, pour le bien supérieur de l'humanité. Abba Eban raconte dans ses mémoires : « *La France semblait penser que si Israël opposait une résistance à l'Égypte, ou si les puissances occidentales elles-mêmes tentaient de faire sauter le blocus, une intervention soviétique était extrêmement probable et qu'Eilat deviendrait le Dantzig de la troisième guerre mondiale* » [8]. Le choc est rude à encaisser. A Jérusalem, c'est la consternation : son principal fournisseur militaire lui tourne le dos, au moment critique.

Les Britanniques, pourtant de tradition arabophile, font meilleur accueil à l'émissaire israélien. George Brown, le ministre des Affaires étrangères trouve que le président égyptien a outrepassé les bornes: « *Cette fois, Nasser est allé trop loin,* déclare-t-il. *Nous devons le freiner pour son bien.* » Harold Wilson, le Premier ministre britannique assure Abba Eban qu'il appuiera toute initiative des États-Unis ou des Nations unies pour rétablir la navigation dans le golfe d'Akaba.

Sur le terrain, la situation évolue rapidement. Le 25 mai, les services de renseignement israéliens apprennent que la 4e division blindée égyptienne prend position dans le Sinaï. Une attaque d'envergure contre l'État hébreu devient possible. Abba Eban qui vient d'arriver à Washington, est mis au courant de la tournure dramatique des événements: l'enjeu n'est plus le libre-passage dans le détroit de Tiran, mais la survie même de l'État hébreu. Le télégramme qui lui parvient, signé de Yaacov Herzog, le directeur de la présidence du Conseil, est pessimiste sur les chances d'Israël, d'éviter l'anéantissement. Abba Eban en informe aussitôt les conseillers du Président américain, messieurs Mc Namara, Rusk et Rostow.

Le ministre israélien espère obtenir une déclaration très ferme, annonçant l'ouverture du détroit par les Etats-Unis, avec ou sans alliés. Mais Lyndon Johnson n'est pas chaud pour s'engager dans pareille aventure. Il confie à l'un de ses collaborateurs: « *Je n'aime pas qu'on me mette un revolver sur la tempe...* » Il temporise et repousse un premier rendez-vous avec l'envoyé israélien. Entretemps, la CIA l'informe que les Israéliens sont sur pied de guerre, prêts à attaquer l'Égypte. Le président américain se décide le 26 mai au soir, à recevoir Abba Eban. Voulant écarter toute rumeur de collusion entre les deux pays, le Texan dissuade son interlocuteur de lancer son pays dans une aventure militaire. En contrepartie, le président américain suggère de trouver une solution dans le cadre des Nations unies, ou à défaut de se rabattre sur une force maritime occidentale, qui forcerait le blocus du détroit de Tiran.

Le 27 mai au soir, le ministre des Affaires étrangères arrive à Tel-Aviv et expose devant le gouvernement israélien réuni en session extraordinaire, le résultat de ses rencontres. Optimiste, il annonce que dans moins de trois semaines, une armada occidentale obligera le président égyptien à s'incliner. Mais depuis qu'Abba Eban est parti en mission, le climat s'est dégradé entre le haut-commandement et le pouvoir politique. L'état-major est au comble de l'exaspération : les jeux feutrés de la diplomatie de couloirs lui semblent hors de propos, alors que la situation est gravissime. Le cabinet israélien, toujours hésitant, est lui-même en proie à de profondes divisions. Neuf ministres se déclarent opposés à toute attente supplémentaire de la guerre. Ils ne croient pas que les puissances occidentales veuillent forcer le blocus du détroit de Tiran. Même si cela arrivait, affirment-ils, cela ne ferait que mettre l'État hébreu dans un état de dépendance vis-à-vis de leur grand frère américain. Neuf autres ministres sont réticents à se lancer dans ce qu'ils considèrent être *« une aventure militaire »*. Ils ne sont pas convaincus que l'armée israélienne puisse vaincre et veulent éviter l'isolation diplomatique. Leur objectif : resserrer les liens avec les États-Unis. Dans ce contexte, Lévi Eshkol n'arrive pas à prendre la responsabilité de l'ouverture des hostilités. La réunion du Conseil des ministres se termine à une heure du matin, sans qu'aucune décision ferme n'ait été prise.

Le 28 mai, le Conseil des ministres se réunit une nouvelle fois. Le matin, Lévi Eshkol reçoit un message de Kossyguine et un autre de Johnson. En substance, les Soviétiques comme les Américains lui demandent de faire preuve de modération. Les pressions des deux superpuissances font pencher la balance en faveur de la poursuite des efforts diplomatiques. Lévi Eshkol se rend ensuite à la radio d'État, pour diffuser en direct une déclaration qui exhorte la population à prendre patience. Le Premier ministre est épuisé par la tension et les nuits de veille. La diction difficile, le verbe hésitant, il se reprend à plusieurs fois au cours de son allocution. L'effet sur le pays est désastreux. Les Israéliens découvrent qu'il n'y a plus personne aux commandes du pays. C'est le choc. Lévi Eshkol apparaît comme un être indécis, incapable de mener une politique claire et cohérente.

L'état-major juge cette politique d'hésitations catastrophique. Une rencontre orageuse a lieu entre Lévi Eshkol et le haut-commandement. Énervé, le général Weizmann fait mine d'arracher ses galons. Il dira plus tard : *« Je ne crois pas qu'un coup d'État aurait pu avoir lieu, mais nous n'en avons jamais été si près »* [9]. Le général Sharon, quant à lui, lance à la face du Premier Ministre : *« Vos atermoiements nous coûteront des milliers de morts »* [10]. Enfin, le général Rabin constate : *« Il devient de plus en plus évident que la seule force sur laquelle on puisse compter dans ce pays est l'armée »* [11].

Le point de non-retour

Dans le monde arabe, le point de non-retour psychologique est atteint. On voit dans la politique de tergiversation du gouvernement israélien, la preuve de sa faiblesse. Au Maghreb comme au Machreck, les Arabes exultent. Pour une fois, ce sont eux qui mettent l'ennemi devant le fait accompli. Le leader palestinien, Ahmed Choukeiry à la mosquée d'El Azar, au Caire, s'emporte : *« Cette guerre, nous l'attendons depuis plusieurs années.*

L'heure du combat a sonné. Nos soldats sont aux frontières, prêts à s'élancer pour libérer Tel-Aviv» [12]. Nasser déclare le 29 mai: «*Si nous avons réussi à revenir au statu quo d'avant 1956, Dieu nous aidera à revenir à celui d'avant 1948. Nous sommes prêts à présent, à résoudre l'ensemble du problème palestinien*» [13].

Commencée par une démonstration de puissance, la politique de Nasser tourne à l'épreuve de force. Des foules immenses s'assemblent au Caire et scandent «*Nasser, Nasser, nous sommes avec toi, nous te suivrons*». Le général égyptien Mourthagi proclame: «*Cinq jours nous suffiront pour liquider le petit État d'Israël. Même sans guerre, il s'effondrerait, car il est incapable de supporter le fardeau d'une mobilisation*». A Damas, l'un des chefs de l'armée, estime «*qu'il ne faudra pas plus de quatre jours aux Égyptiens et aux Syriens pour détruire Israël*».

Tous les pays arabes s'alignent sur le Caire. Tunis, la seule capitale à avoir ouvertement préconisé dans le passé la voie politique, affirme, elle aussi, sa solidarité avec Nasser. Même le roi Hussein, en conflit larvé avec l'Égypte depuis des années, se rallie. Le 30 mai, le chef du gouvernement hachémite, celui que Nasser surnomme le «*pantin de l'impérialisme*» atterrit au Caire à la surprise générale, pour signer un pacte de défense mutuelle aux termes duquel l'armée jordanienne passerait en cas de conflit armé sous commandement égyptien. Des troupes arabes, en cas de besoin, viendraient renforcer la dynastie hachémite contre l'ennemi sioniste. Hussein rentre à Amman avec Choukeiry, qui ouvre le bureau de l'OLP, fermé sur l'ordre de Hussein, en janvier dernier. Le leader palestinien ne mâche pas ses mots: «*Il est possible et même vraisemblable que l'armée de libération et les forces jordaniennes tirent le premier coup de feu qui déclenchera une guerre au Moyen-Orient. Ce sera nous ou Israël. Il n'y a pas de moyen terme, rien ne sera accepté en dehors d'une libération. En cas de conflit, il ne restera pratiquement pas de survivants juifs en Palestine.* »

Ce rapprochement entre Hussein et Choukeiry, hier encore ennemis jurés, stupéfie les Israéliens. A tort ou à raison, ils avaient toujours pensé pouvoir négocier avec le souverain hachémite.

Israël : le choix de la guerre

Israël vit les heures les plus graves de son existence. A la fin du mois de mai, le projet d'une force de navigation multinationale semble voué à l'échec. La Grande-Bretagne, les Pays-Bas et la Nouvelle-Zélande préfèrent se limiter à des protestations diplomatiques. La France se réfugie dans une politique d'extrême prudence. La conclusion du pacte jordano-égyptien renforce encore le sentiment de vulnérabilité de l'État hébreu. L'étau arabe se resserre. La guerre semble désormais imminente et la survie même de l'État est en jeu. Le 29 mai, du haut de la Knesset, Lévi Eshkol, le Premier ministre, muscle son langage : « *Le détroit de Tiran*, affirme-t-il, *représente un intérêt national suprême sur lequel, aucune concession n'est possible, ni aucun compromis admissible.* »

Lassée de la vaine quête de garanties internationales, l'opinion israélienne se sent prise au piège de la menace arabe. La tension monte encore. Jamais, le pays n'a traversé des heures aussi noires. Face aux pressions de l'opinion publique, qui réclame le retour au pouvoir de Ben Gourion ou du général Dayan, Lévi Eshkol constitue le 1er juin un cabinet d'union nationale. Dayan obtient le portefeuille de la Défense nationale et pour la première fois, Begin entre au gouvernement en tant que ministre d'État. La diplomatie cède le pas à l'armée.

Le 2 juin, nouveau coup de tonnerre : Paris ordonne un embargo militaire à destination du Moyen-Orient. En fait, cette mesure vise les Israéliens qui dépendent étroitement des Français pour certains systèmes d'armement. Ainsi, l'aviation est presque exclusivement composée de Mirages, de Super-Mystères, de Mystères et de Vautours. Le communiqué rédigé par le général de Gaulle affirme que *« la France n'est engagée à aucun titre ni sur aucun sujet avec aucun des États en cause. De son propre chef, elle considère que chacun de ces États a le droit de vivre. Mais elle estime que le pire serait l'ouverture des hostilités. En conséquence, l'État qui le premier et où que ce soit emploierait les armes, n'aurait ni son approbation ni, à plus forte raison, son appui »*.

L'idée de Charles de Gaulle repose sur un axiome simple : en coupant à Israël les moyens de faire la guerre, la tension finira par retomber. Mais c'est l'effet contraire qui se produit. Les Israéliens ont le sentiment d'être abandonnés de tous, y compris de leur allié le plus fidèle. Au lieu d'être un facteur dissuasif, l'embargo crée un effet d'accélération sur le conflit. Les Israéliens ont le sentiment que le temps joue contre eux. La décision française qu'ils assimilent à *« un coup de poignard dans le dos »* est lourde de conséquence. L'embargo pousse à la radicalisation des Israéliens et finira par faire pencher la balance du côté de la guerre. L'État hébreu est au faîte de sa puissance militaire. Il faut en profiter. La guerre est imminente.

L'attitude française est symptomatique de la responsabilité des grandes puissances dans le conflit : Kossyguine voulait sauver le régime syrien, mais sa politique met le feu à un baril de poudre. U Thant, d'une myopie qui confine à la cécité, préfère sermonner Nasser, plutôt qu'éviter la guerre. Quant à de Gaulle, il entend enlever aux Israéliens l'option militaire, mais ne fait que la favoriser. Johnson, lui, est obnubilé par la guerre du Vietnam. Il temporise et tergiverse. Tous les quatre proclament officiellement sauver la paix. En fait, ils contribuent à la torpiller.

Les leaders des grandes puissances commettent des impairs, lourds de conséquences : en méconnaissant profondément les déterminants psychologiques des protagonistes et en ignorant jusqu'aux réalités stratégiques, ils rendent la guerre possible, puis probable. Les Israéliens, marqués par le génocide de la Seconde Guerre mondiale, craignent plus que jamais pour leur sécurité. De surcroît, ils ne peuvent supporter plus de quelques jours, le fardeau que représente une mobilisation de leurs forces militaires. La guerre semble la seule issue pour sortir de cette politique de strangulation, même si, selon certains analystes, un conflit pourrait coûter à l'État hébreu, 40 000 morts.

« *Le 3 juin,* raconte Abba Eban, *l'horizon était plus sombre que jamais. Des concentrations massives de troupes étaient signalées dans le Sinaï, on comptait près de mille chars d'assaut en bordure de la frontière méridionale d'Israël. L'ordre de bataille des Égyptiens faisait prévoir l'imminence d'une tentative de couper le Néguev méridional du reste du territoire... L'armée jordanienne se dirigeait vers ses positions de combat. Les troupes syriennes, depuis les hauteurs du Golan, braquaient leurs canons sur les colonies de la Haute-Galilée et de la vallée du Jourdain...* » [14]. La tension atteint son paroxysme. Les premières troupes irakiennes pénètrent en territoire jordanien. Des forces koweitiennes se dirigent vers le Sinaï. Des soldats algériens se tiennent prêts à partir vers l'Égypte.

Le 4 juin, le Conseil des Ministres se réunit à Jérusalem. Le gouvernement, unanime, donne les pleins pouvoirs au président du Conseil et au ministre de la Défense pour «*faire intervenir l'armée, si les circonstances l'exigent*». Le principe d'une intervention militaire vient d'être acquis. La guerre devient inévitable.

Erreurs d'évaluation

Nasser évalue mal la situation : trompé par les Soviétiques, il croit que la Syrie est l'adversaire primordial de l'État hébreu. L'évacuation des forces de la FUNU lui ouvre toutes les options. De surcroît, le leadership israélien paraît d'une mollesse rare. Au demeurant, son état-major lui assure que l'armée égyptienne est prête à toute éventualité.

Mais la véritable erreur réside dans l'évaluation du rapport de force. Il est vrai que la situation d'Israël est infiniment plus délicate que dans la campagne de 1956 : les grandes puissances occidentales ont fait connaître leur neutralité. La France, le plus fidèle allié d'Israël, a décrété l'embargo militaire. Jamais moment n'a été plus favorable au monde arabe. Assuré du soutien soviétique, le raïs est le commandant suprême des forces arabes. Les forces aériennes sont impressionnantes : 840 appareils bien équipés, contre 280 à peine pour les Israéliens. La même disproportion se retrouve dans les blindés. L'Égypte, seule, possède 800 chars, soit autant que l'ennemi, auxquels s'ajoutent 250 blindés jordaniens, 200 syriens et 400 irakiens. En nombre d'hommes, les disparités sont encore plus criantes.

Toutefois, la présentation des données brutes masque un certain nombre d'éléments en faveur d'Israël. Les Israéliens possèdent un excellent système de mobilisation et un service de renseignement efficace. De plus, leur doctrine militaire est fondée sur le concept d'attaque préventive, qui veut qu'une guerre soit aussi courte que possible, aussi bien pour des facteurs économiques que démographiques. Israël peut mobiliser au moins 200 000 de ses hommes en 72 heures. L'Égypte, par contre, a beau avoir une armée régulière deux fois plus nombreuse que l'armée israélienne et garder 200 000 à 300 000 hommes de réserve, elle ne peut gérer effectivement que 20% de ces derniers. La Syrie, de même, ne peut mobiliser que le tiers de ses 50 000 réservistes. Seule la Jordanie a la faculté de mobiliser ses 35 000 hommes de réserve.

Suite à la fermeture du détroit de Tiran, Nasser, semble-t-il, envisage deux scénarios : soit les Israéliens interviennent militairement et alors l'attaque sera suivie d'une contre-offensive égyptienne foudroyante en territoire ennemi. La communauté internationale, pense-t-il, ne peut que soutenir *« les victimes de l'agression sioniste »*. Soit l'État hébreu ploie devant la force arabe. En ce cas, le raïs continuera sa politique d'asphyxie de l'ennemi, en renforçant le blocus du détroit de Tiran, en coupant la fourniture de pétrole entre l'Iran et l'État hébreu, et enfin en menaçant la présence israélienne à Eilat. Les actions de guérilla menées par les feddayin palestiniens contribueront à rendre la pression intenable pour les Israéliens.

La conquête du Sinaï

Gamal Abdel Nasser n'a pas prévu le pire des scénarios, celui dont il ne se relèvera pas. Le 5 juin, à 7 heures 45, heure israélienne (8 h 45, heure égyptienne), les appareils de l'État hébreu attaquent l'aviation égyptienne au sol. L'effet de surprise est total. C'est la curée : en l'espace de trois heures, seize aérodromes sont détruits et l'aviation égyptienne n'est plus qu'un souvenir. La première vague détruit les terrains et immobilise les avions égyptiens, la seconde vague donne le coup de grâce et anéantit, avion après avion, la plus grande flotte aérienne du Moyen-Orient. Huit formations complètes de Migs 21 flambant neufs, prêts au décollage, partent en flamme. Dans les trente premières heures de combat, 416 avions égyptiens, syriens et jordaniens sont détruits. Les Israéliens perdent, eux, 26 avions et 21 pilotes. Le ciel est exclusivement israélien. Nul expert au monde n'aurait pu imaginer une victoire aussi insolente.

Pendant ce temps, les forces terrestres israéliennes se lancent à l'assaut du Sinaï, direction le canal de Suez. Les combats font rage. Plus de cent mille soldats égyptiens équipés de 1 500 chars d'assaut tiennent solidement les axes de pénétration vers le Caire. Des camps retranchés défendent au nord, Rafa et El Arish, au centre Abou Aguila, au sud Nakhl. Le porte-parole de l'Armée israélienne se contente d'annoncer aux journalistes que les forces israéliennes sont passées à la contre-offensive, à la suite des « *mouvements menaçants de l'armée égyptienne* ». Abba Eban, le ministre des Affaires étrangères tient une conférence de presse et déclare : « *Jamais en-*

core un pays n'a fait usage de ses armes dans un but plus juste et plus légitime. J'ai informé ce matin le Conseil de Sécurité et les ambassades des quatre grandes puissances que nous agissions pour repousser l'agression égyptienne sur la base de l'art 51 de la charte des Nations unies.» Pendant plusieurs jours, beaucoup d'observateurs considéreront vraisemblable la nouvelle, donnée par Jérusalem, de l'attaque d'Israël par les Égyptiens.

Le plan de Dayan et de Rabin fonctionne au-delà de leurs espérances. Ils ont concentré tout leur potentiel militaire dans le Sud. C'est par la défaite de l'Égypte, la véritable puissance du Moyen-Orient, que s'articule leur plan de combat. De fait, devant les coups de boutoirs que lui infligent les Israéliens, l'armée égyptienne s'effondre. Après la première journée de guerre, Israël a la maîtrise de l'air. L'armée contrôle presque l'axe côtier nord du Sinaï et s'est emparée des places fortes de Rafah, Cheikh Zowed, El Giradi. Elle s'apprête au combat devant les autres verrous du sud et à Djenine en Jordanie. La bataille de Jérusalem va commencer.

A l'ébahissement des Israéliens, dès les premiers heures du 5 juin, les radios arabes exultent : les communiqués de victoires de plus en plus fantaisistes se succèdent. A 8 h 30, Radio Le Caire annonce : *« 23 avions israéliens abattus. »* A 9 heures, Le Caire en compte 42, puis 70 à midi. En quelques dizaines de minutes, la Syrie, l'Irak, l'Algérie, le Soudan, le Koweit et le Yémen se déclarent officiellement en guerre contre Israël. La Libye, la Tunisie et le Liban font part de leur soutien aux armées arabes. L'annonce des victoires déclenche des manifestations de joie. En Égypte, la foule ne se contient plus. Nasser ignore encore la vérité. Ses généraux préfèrent lui cacher la nouvelle du désastre. Ce n'est que le lendemain que le raïs apprendra que son aviation a été mise en pièces sans même combattre et que le Sinaï est déjà au tiers conquis par les Israéliens.

Il est atterré. Lui qui pendant 15 ans a exigé des sacrifices considérables de son peuple pour constituer des forces militaires dignes de ce nom, voit son armée s'effondrer comme un château de sable. Nasser affirmera plus tard : *« Il n'y a pas eu un seul général qui a eu le courage de venir vers moi et de me le dire. Pendant que je passais ma journée du 5 juin à trouver des positions défensives parce que je savais que mon armée était en difficulté, je ne savais pas que mon aviation avait cessé d'exister. »*

De crainte de devenir la risée du monde entier, il se met d'accord avec Hussein, par téléphone, pour accuser l'aviation américaine et britannique d'avoir prêté main forte à Israël. Les services secrets israéliens ont enregistré ce dialogue surréaliste entre les deux chefs d'État :

« — *Les combats continuent... Croyez-vous que nous puissions impliquer les États-Unis ? Pensez-vous que nous puissions dire que les États-Unis attaquent avec Israël ?* demande Nasser.

— Hussein : La ligne est inaudible.

— Nasser : *Voulez-vous que nous disions : 'Les États-Unis et l'Angleterre, ou seulement, les États-Unis ?'*

— *Hussein : Les États-Unis et l'Angleterre.*

— Nasser : *Mais les Anglais ont-ils des porte-avions par ici ?*

— Hussein : Son inintelligible.

— Nasser : *Très bien. Nous nous battons avec toutes nos forces et les combats continuent sur tous les fronts. Nous avons eu quelques ennuis au début, mais ce n'est rien. Allah est avec nous... Je vais publier un communiqué, et vous aussi. Nous ferons le nécessaire pour que les Syriens aussi déclarent que des avions américains et anglais, venant des porte-avions, nous attaquent. Nous allons souligner ce point...*

— *Bon, très bien*, répond Hussein. »

Le 6 juin à 7 heures 37 du matin, la radio du Caire diffuse un bulletin spécial : *« Le haut-commandement des forces armées déclare avoir des preuves irréfutables que les armées de l'air des États-Unis et de la Grande-Bretagne participent à l'agression israélienne. Nous avons des preuves que plusieurs porte-avions anglais et américains mènent des opérations de grande envergure aux côtés d'Israël»* [15].

La Jordanie

Alors que les Israéliens ont déjà lancé leur offensive contre l'Égypte, ils escomptent encore pouvoir éviter la guerre avec la Jordanie et le Liban. Ces deux pays ont toujours été parmi les plus modérés du monde arabe. Dès l'ouverture des hostilités avec l'Égypte, au matin du 5 juin, le Premier Ministre, Lévi Eshkol rédige deux lettres identiques, l'une pour le président du Conseil libanais, l'autre pour le roi Hussein leur demandant de ne pas intervenir. En contrepartie, Israël n'entreprendra aucune opération contre eux. Le message est ainsi rédigé : *«Nous ne déclencherons aucune action où que ce soit contre la Jordanie. Mais si la Jordanie ouvre les hostilités, nous réagirons avec toute notre force, et dans ce cas, vous devrez en supporter toutes les conséquences.»* Signé Lévi Eshkol.

Si le calme règne à la frontière libanaise, en revanche le 5 juin à 10 heures 45, le roi Hussein annonce officiellement sur Radio-Amman, l'entrée en guerre de la Jordanie. Moins de trois heures après l'entrée de ses chars dans la bande de Gaza et de ses raids sur les aérodromes égyptiens, Israël se trouve confronté à un nouvel ennemi. La marge de manœuvre du souverain hachémite est singulièrement étroite : ses hommes sont placés sous le commandement d'un général égyptien, des troupes irakiennes sont sur son territoire prêtes à affronter l'ennemi et il ne peut, sans passer pour traître à la nation arabe, s'abstenir d'intervenir alors que la guerre bat son plein sur le front égyptien. Dans une interview avec l'hebdomadaire allemand *Spiegel*, le 4 septembre 1967 [16], le roi Hussein confirmera qu'il a bien reçu le message de Lévi Eshkol, convoyé par le général Bull des Nations unies. Il dira : « *Sans intervention de notre part, nous aurions été épargnés des inévitables conséquences de la guerre. Mais à ce moment-là, nous n'avions plus le choix, nous devions faire tout ce qui était en notre pouvoir pour venir au secours de nos alliés.* » Au général Bull, Hussein répond : « *Ils ont pris l'initiative de la bataille, eh bien ! Ils vont recevoir notre réponse, par la voie des airs, d'ici quelques minutes.* »

En fait, le roi Hussein a perdu la maîtrise des événements. En vertu du pacte de défense qui lie la Jordanie à l'Égypte, un état-major égyptien placé sous le commandement du général Ryad, dirige les opérations. De plus, le souverain hachémite est gavé d'informations fantaisistes que lui distillent les responsables militaires égyptiens. « *Un message du maréchal Amer nous avisait que l'offensive ennemie se poursuivait, mais il affirmait que les Égyptiens avaient détruit 75 % des avions israéliens. Le même communiqué nous informait que les bombardiers égyptiens avaient contre-attaqué et écrasé les bases israéliennes. Amer ajoutait que ses forces terrestres avaient pénétré en Israël par le Néguev...* »

Au début de l'après-midi, la Légion Arabe attaque le « *palais du gouverneur* », siège de la force d'observation des Nations unies à Jérusalem. Le général israélien Narkiss reçoit l'ordre de ne pas contre-attaquer. Mais les batteries hachémites bombardent la base aérienne de Ramat-David, en Galilée, et des canons retranchés à Kalkilya bombardent Tel-Aviv. Au début de l'après-midi, l'armée jordanienne se déploie face aux quartiers nord-ouest de Jérusalem. Sentant sa sécurité menacée par cette manœuvre imprévue, le gouvernement décide de riposter. L'aviation israélienne détruit l'aviation jordanienne, composée d'une vingtaine de Hunters, ainsi que les batteries de Kalkilya qui pilonnaient l'État hébreu. Sur le front même, les combats font rage. En dépit de pertes élevées, les soldats israéliens réussissent à réduire à néant la menace jordanienne qui risquait de sectionner l'État hébreu en son point le plus fragile.

Le front diplomatique

Dans la nuit du 5 au 6 juin, Tass publie un long communiqué qui condamne « *l'agression israélienne* » et exige le retour aux frontières de ses troupes. Pour l'État hébreu, dont la pire crainte était une intervention militaire russe, la réaction moscovite fait figure de bonne nouvelle. Parallèlement, Washington se déclare « *non-belligérant* », Londres parle de « *non-intervention* » et Paris de « *neutralité* ».

A la tribune des Nations unies, les délégués égyptien et israélien se rejettent la responsabilité du déclenchement des hostilités. La confusion générale règne sur le déroulement des combats. Le Conseil de Sécurité se réunit : Soviétiques et Américains parlent d'un cessez-le-feu, mais ignorant les positions militaires des belligérants, préfèrent attendre. De son côté, U Thant se borne à lire une lettre de protestation contre l'occupation du siège de l'ONU à Jérusalem par les forces jordaniennes. Comme la plupart des gouvernements européens, le conseil de l'OTAN tient une réunion extraordinaire. Les pays arabes producteurs de pétrole décident d'arrêter leur livraison aux États qui soutiennent Israël. Le pape exprime « *sa vive inquiétude et demande que Jérusalem soit déclarée ville ouverte* ».

Le 6 juin, l'Égypte, la Syrie, l'Algérie, le Yémen, l'Irak et le Soudan rompent leurs relations diplomatiques avec les États-Unis. Les pays arabes annoncent l'arrêt de la vente de pétrole à l'Occident à la suite de la « *honteuse agression* » des Anglo-Américains. Le même jour, Robert Mc Closkey, porte-parole de la Maison Blanche, dément avec vigueur que les forces aériennes américaines aient joué un quelconque rôle dans l'attaque surprise du 5 juin : « *De telles accusations sont totalement fausses et inventées de toutes pièces.* » A la Chambre des Communes, Harold Wilson, le Premier ministre britannique ulcéré, qualifie de « *monstrueuses, ces allégations arabes, alors que nos porte-avions sont à plus de 1 000 milles de la zone des combats* ».

Le cessez-le-feu

Lorsque l'ampleur de la défaite arabe est connue, dans la journée du 6 juin, Moscou, suivie de Belgrade et de New-Delhi demande un cessez-le-feu immédiat. À 19 h 10, heure de New York, le Conseil de Sécurité adopte à l'unanimité l'une des plus courtes résolutions de son histoire : « *Le Conseil de Sécurité demande à tous les gouvernements concernés de prendre immédiatement toutes les mesures nécessaires pour aboutir à un cessez-le-feu et pour mettre fin à toutes les activités militaires au Moyen-Orient.* »

Pour le délégué américain, A. Goldberg, la résolution est « *une première étape sur la route vers la paix* ». R. Seydoux, le délégué français espère que l'application de la résolution sur le terrain sera rapide. Le représentant du gouvernement soviétique, N. Federenko, affirme qu'avec cette résolution « *les membres du Conseil ont unanimement mis un terme à l'agression israélienne contre les États arabes* ». Il ajoute : « *Le cessez-le-feu n'est qu'un minimum : c'est le moins que le Conseil de Sécurité pouvait faire dans la conjoncture actuelle (...) Le Conseil de Sécurité aurait dû prendre une décision concernant le retrait immédiat des forces d'agression sur les lignes d'armistice. Mais du fait de l'opposition de certains membres, cela ne fut pas possible.* »

De la tribune des Nations unies, le ministre des Affaires étrangères irakien, A. Pachachi, constate que le cessez-le-feu équivaut à « *une complète défaite face à Israël, puisqu'il n'est pas accompagné d'une demande de retrait des forces (de l'État hébreu)* ». Il conclut qu'« *Israël n'aurait pas osé défier l'opinion publique internationale (...) s'il n'avait pas été encouragé par ses amis* ». Abba Eban se félicite de ce vote et déclare qu'Israël s'y conformera si les autres parties y consentent. Il ajoute que la paix est conditionnée par deux principes : « *La reconnaissance authentique par nos voisins des racines profondes d'Israël dans la réalité moyen-orientale* » et le principe de la résolution pacifique des différends par des négociations directes. « *Israël*, conclut-il, *a prouvé sa détermination et sa vigueur. Il est maintenant prêt à démontrer son instinct pour la paix.* » Le délégué syrien monte à la tribune des Nations unies juste après le ministre des Affaires étrangères de l'État hébreu. Son gouvernement s'oppose, affirme-t-il, « *à ce que les gains territoriaux faits par Israël se transforment en autant de faits accomplis.* »

Le cessez-le-feu du 6 juin n'est suivi d'aucun effet : aucun pays arabe ne l'a accepté. Pendant que le Conseil de Sécurité adopte des résolutions, les combats font rage. Le 7 juin, devant la tournure catastrophique des événements, Nasser réagit. Il convoque l'ambassadeur soviétique au Caire, Dimitri Podjidayev. « *Je vous prie,* lui dit-il, *de demander à votre gouvernement de prendre immédiatement des mesures pour l'arrêt des combats dans le Sinaï. La pression israélienne sur nos forces est énorme et nous ne pourrons plus tenir longtemps* » [17]. Kossyguine intervient auprès du président américain pour stopper les Israéliens. « *Il faut que le cessez-le-feu soit appliqué tout de suite.* » Johnson répond qu'il n'a pas un pouvoir absolu sur les Israéliens, mais qu'il appuiera une résolution qui fixera une heure exacte de cessez-le-feu. A la demande du délégué soviétique Federenko, le Conseil de Sécurité se réunit à nouveau le 7 juin à 13 heures. Le représentant de Moscou soumet une nouvelle résolution pour un cessez-le-feu qui prend effet à 20 heures GMT. Après consultation, les membres du Conseil votent unanimement la résolution. A la profonde surprise et consternation des Soviétiques, le représentant égyptien déclare que son pays rejette l'appel au cessez-le-feu. Israël, la Syrie et l'Irak font de même. Seule, la Jordanie accepte l'arrêt des hostilités, mais elle se heurte au refus israélien : Abba Eban déclare que l'acceptation jordanienne est sans valeur du fait que ses forces sont placées sous commandement égyptien. Parallèlement, l'URSS menace de rompre ses relations diplomatiques avec Israël, si celui-ci ne cesse pas aussitôt les combats.

Au matin du mercredi 7 juin, les Israéliens se lancent à l'assaut de la Vieille Ville de Jérusalem. La Légion arabe se bat pied à pied. A 10 h 15, les soldats israéliens plantent le drapeau frappé de l'Étoile de David sur le Mont du Temple. Le Mur des Lamentations est tombé entre leurs mains. Entretemps, les forces israéliennes commencent à s'emparer de la Cisjordanie. Le 8 juin, des milliers de réfugiés palestiniens s'entassent sur les routes et fuient en direction de la partie est de la Jordanie, alors que les Israéliens se rendent maître de toute la Judée et la Samarie. Ainsi l'occupation de Jérusalem comme de la rive ouest du Jourdain ne résulte pas d'une volonté délibérée des Israéliens, mais découle d'un concours de circonstances fortuit. Si le souverain hachémite n'avait pas arrimé militairement son pays à l'Egypte, s'il avait préféré la non-intervention à la guerre comme l'avait fait le gouvernement libanais, la Jordanie n'aurait jamais connu l'amputation de son territoire. L'ironie de l'Histoire voudra que ces conquêtes militaires deviendront des années plus tard, le fer de lance de l'idéologie nationaliste israélienne.

Le 8 juin, les deux Grands entrent au Conseil de Sécurité avec un texte de résolution qu'ils font voter en quelques minutes, ordonnant un cessez-le-feu immédiat sans condition, ni délai, ni jugement. Cessez-le-feu qu'acceptent Israéliens, Égyptiens et Jordaniens. Peu après avoir condamné *« l'attaque préméditée d'Israël »* et demandé au Conseil de Sécurité de dénoncer l'État hébreu *« pour les crimes qu'il a commis (...) de le punir sévèrement pour les conséquences de sa politique aventureuse, provocatrice et agressive... »*, l'URSS rompt ses relations diplomatiques avec Israël. Elle est suivie par la Yougoslavie et tous les États communistes, excepté la Roumanie. Dans la nuit du 8 au 9 juin, les combats s'arrêtent sur les fronts égyptien et jordanien. À trois heures du matin, le 9 juin, les Israéliens ont fini de conquérir la rive asiatique du Sinaï et campent face au canal de Suez. La bataille leur a coûté 280 morts et 800 blessés, alors que du côté égyptien, quatre divisions sont complètement détruites et trois autres décimées. Par la suite, Gamal Abdel Nasser décrira ainsi la situation militaire du moment : *« Nous n'avons plus de défense sur le canal de Suez, (...) la route entre Suez et Le Caire n'est pas protégée par un seul soldat (...) elle est ouverte (...) la paralysie affecte nos troupes (...) Il n'est pas difficile de voir que nous avons atteint un état d'effondrement (...) Nous avons perdu 80 % de nos forces (...) Les villes sont ouvertes (...) Nous n'avons plus d'aviation pour protéger nos cités (...)* »[18].

A 20 heures, dans un discours télévisé, Nasser affirme sa détermination « *de renoncer entièrement et définitivement à toutes fonctions officielles et à tout rôle politique, pour reprendre sa place parmi les masses populaires et accomplir son devoir en tant que simple citoyen* ». Cependant, le lendemain, il reviendra sur sa décision de démissionner.

La Syrie

Paradoxalement, le pays qui a le plus contribué à l'ouverture des hostilités n'est, le 9 juin, pas encore véritablement engagé dans la guerre qui fait rage depuis quatre jours. Certes, des Migs syriens, tout comme des Hunters jordaniens et des Tupolevs irakiens sont apparus dans le ciel israélien et ont bombardé diverses villes et villages, en faisant des victimes. La riposte a été foudroyante : le 5 juin en fin d'après-midi, plusieurs escadrilles israéliennes décollent en direction des aérodromes syriens où en l'espace d'une heure, les deux tiers de l'aviation sont détruits. Le général Hod affirmera à la radio : « *Les avions syriens encore intacts ont été déplacés hors du rayon d'action dangereux pour Israël. Nous avons la maîtrise du ciel sur le plateau du Golan.* » Malgré tout, la Syrie est le seul pays du front qui conserve une armée, bien que ses officiers supérieurs soient décimés dans des luttes politiques, son aviation détruite par les Israéliens et son équipement moins performant que celui des Égyptiens. De par l'annihilation de l'armée du raïs, elle est devenue la plus forte armée du monde arabe.

Les trois premiers jours de la guerre, Damas reste soigneusement en dehors des hostilités : alors que son allié égyptien se fait tailler en pièces, que les Jordaniens tentent de résister à la pression israélienne, la Syrie n'ouvre pas le front nord. Le gouvernement masque son peu d'empressement à soutenir ses alliés, derrière des proclamations incendiaires de destruction de l'ennemi sioniste. Avant même que les combats soient engagés, Damas annonce le 8 juin que la Syrie accepte le cessez-le-feu. Mais l'heure de la revanche a sonné pour les Israéliens. Depuis des années, l'artillerie syrienne installée sur les hauteurs du Golan bombarde leurs villages du Jourdain et de Haute-Galilée. Le 9 juin au matin, le gouvernement israélien donne instruction à l'armée de se lancer à l'assaut du Golan, alors qu'une nouvelle fois, le Conseil de Sécurité se réunit pour proclamer à la demande syrienne, un cessez-le-feu. Mais les combats continuent dans la journée, chacun rejetant sur l'autre la responsabilité de la poursuite des hostilités. Le 10 juin, les Israéliens s'emparent du Golan et poussent jusqu'à la ville de Kuneitra. Désormais, la route de Damas est ouverte. Aux Nations unies, le délégué soviétique déclare qu'Israël *« marche dans les pas sanglants des sbires de Hitler (in the bloody footsteps of Hitler's executioners) qui accusaient toujours les victimes de leurs propres agressions »*. Le 10 juin, à 18 heures, heure d'Israël, les hostilités cessent sur le front syrien. La Guerre des Six Jours prend fin. Du péril extrême, Israël passe à la délivrance. D'un petit État menacé dans son existence propre, Israël est devenu la première puissance du Moyen-Orient.

SOUS LE SPECTRE DE LA GUERRE NUCLÉAIRE

Les grandes puissances dans la guerre

En janvier 1967, rien ne laisse présager que le monde s'apprête à frôler la guerre nucléaire à cause d'un conflit qui va embraser le Moyen-Orient. La guerre froide commence à s'estomper et l'équilibre de la terreur gèle toute confrontation directe entre les États-Unis et l'Union soviétique. Survient la Guerre des Six Jours. Elle montrera que la coexistence pacifique entre les deux Grands ne tient qu'à un fil.

Les Soviétiques ont le vent en poupe. Depuis le début des années soixante, l'idéologie communiste marque des points dans le Tiers-Monde : le mouvement de décolonisation en Afrique, l'intervention *« impérialiste »* américaine au Vietnam, l'attrait du parti communiste sur les intellectuels d'Europe occidentale, la figure romantique de Che Guevara en lutte contre le *« néocolonialisme »* en Amérique latine, tout cela concourt, pêle-mêle, à faire de l'Union soviétique, la puissance montante dans les relations internationales. L'URSS, partout où elle le peut, avance ses pions. Au Moyen-Orient, les Soviétiques sont sur le point de réussir un coup de maître: leur soutien inconditionnel à la politique d'intimidation et d'intransigeance des pays arabes radicalise le conflit avec Israël. La politique du bord du gouffre paie: au fur et à mesure que la crise s'amplifie pendant le mois de mai, l'Union soviétique voit se profiler la fin de l'influence occidentale au Moyen-Orient. Sans que nul coup de feu n'ait été tiré, une fantastique victoire diplomatique s'annonce pour Moscou. Comme un fruit mûr, le Moyen-Orient s'apprête à basculer dans l'orbite soviétique. Pourtant, un événement imprévisible vient ruiner la belle architecture géopolitique du Kremlin: la guerre, puis la déroute arabe.

Les Américains, de leur côté, sont sur la défensive. Depuis les années cinquante, leurs positions sont grignotées: L'Égypte et la Syrie s'alignent sur Moscou et les régimes pro-occidentaux du Liban et de Jordanie vacillent. En 1958, la situation se dégrade à tel point que les Américains interviennent à Beyrouth et à Amman. Le coup d'État militaire de 1958 en Irak brise définitivement le rêve de la Maison-Blanche de constituer une alliance régionale des pays arabes et du Pakistan, alliance qui endiguerait le communisme. Le général Kassem retire son pays du Pacte de Bagdad et se rapproche de Moscou. Dans cette situation difficile pour les intérêts occidentaux, Israël s'avère être l'un des seuls pays stables et suffisamment puissants avec l'Iran et l'Arabie Saoudite, sur lesquels les Américains peuvent s'appuyer dans la région.

Reste qu'en termes de rayonnement politique, l'Égypte possède une envergure qui fait défaut au petit État juif. Ce simple fait explique les tentatives de rapprochement qu'entreprend l'Administration Kennedy dans les années 1960. Cette volonté de conciliation est aussi inspirée par la philosophie politique du gouvernement démocrate, selon laquelle le développement économique est le meilleur barrage au communisme. Des raisons ponctuelles font croire que Nasser ne refusera pas les appels du pied de la Maison-Blanche : le raïs est sur la défensive depuis que son rival du monde arabe, l'Irak, a établi une relation privilégiée avec le Kremlin. Mais le coup d'État de 1963 en Irak transforme la constellation politique du Moyen-Orient. À Bagdad, Kassem et les communistes sont renversés. Du coup, Nasser redevient l'allié privilégié de l'Union soviétique. D'autant que l'intervention militaire égyptienne au Yémen en 1962 agace prodigieusement les Américains : elle menace directement l'Arabie Saoudite, l'allié économique le plus important des États-Unis dans le monde arabe. Définitivement désillusionnés par Nasser, les États-Unis se tournent vers Israël et décident de soutenir militairement l'État juif.

Un autre facteur pousse à soutenir l'État juif : depuis le début des années soixante, la doctrine stratégique américaine a évolué. Progressivement, l'équilibre de la terreur a remplacé « le cordon sanitaire » autour de l'URSS. Cette évolution a eu pour effet de diminuer l'importance stratégique des pays arabes. L'ensemble de ces facteurs font qu'un rapprochement s'opère entre Israël et les États-Unis, lesquels s'engagent à défendre l'indépendance de l'État hébreu. Ces développements amèneront le président Johnson à apporter son soutien tacite à l'attaque du 5 juin 1967. Encore faut-il bien voir que dans les semaines qui précèdent la guerre, le président américain prêche la conciliation entre les différentes parties et, malgré la fermeture du détroit de Tiran, refuse de s'engager véritablement du côté israélien. Sans doute, les intérêts américains répartis dans différents États de la région et la guerre du Vietnam expliquent la prudence américaine. Le président démocrate joue une partie serrée : il doit pondérer entre la nécessité de soutenir l'État hébreu afin de contrer Nasser et les Soviétiques, tout en ne s'aliénant pas les régimes arabes modérés. Par conséquent, l'attitude ambiguë de *« non-approbation/non-désapprobation »* ou de laissez-faire, donne à Israël le bénéfice d'un soutien américain en cas de besoin et permet aux États-Unis de conserver leurs positions auprès de leurs alliés arabes.

Les Américains réussiront à mener cette politique d'équilibriste aussi longtemps que les Soviétiques ne menacent pas d'intervenir directement. Dès l'instant où Alexis Kossyguine déclare au Président américain : *« A moins qu'Israël n'arrête ses opérations dans les prochaines heures, l'Union soviétique prendra les mesures qu'elle juge nécessaires, y compris dans le domaine militaire »* [19]. Les États-Unis abattent clairement leurs cartes : ils ne laisseront pas impunément l'URSS s'immiscer dans le conflit.

Lorsqu'éclate la guerre, au matin du 5 juin, les Soviétiques sont mal informés de la situation. Pire que cela, ils sont intoxiqués par les communiqués de victoires que publient les Égyptiens. Leur ambassadeur au Caire, qui se base sur les déclarations officielles, rapporte à son gouvernement que les Arabes remportent de retentissants succès militaires. Le nombre d'avions israéliens abattus s'accroît d'heure en heure, des centaines de chars hébreux subissent le même sort... Devant ce qu'il croit être un éclatant triomphe des forces arabes, Kossyguine, par l'intermédiaire du téléphone rouge, dissuade Johnson de toute intervention militaire. *« Au cas où les États-Unis s'engageraient aux côtés des Israéliens,* affirme-t-il, *le gouvernement soviétique donnerait ordre d'apporter une aide militaire aux Arabes pour arrêter l'agression impérialiste. L'URSS,* ajoute-t-il, *se tient aux côtés des peuples arabes épris de paix. »* La teneur du message est limpide : si les Américains ne bougent pas, les Soviétiques n'entreprendront aucune manœuvre qui pourrait menacer la paix et la stabilité internationale.

Lorsque les Soviétiques découvrent l'ampleur du désastre, le politburo pèse de tout son poids pour stopper les Israéliens, pendant qu'il est encore temps. L'offensive diplomatique commence par un communiqué qui accuse Israël d'agression et exige que son armée se replie sur les frontières du 5 juin au matin. Ensuite, Kossyguine envoie un message à Johnson (7 h à Moscou, 12 h à Washington) qui ressemble fort à un ultimatum: «*L'URSS possède des moyens de destruction terribles et ne peut rester indifférente à une agression criminelle.*» Le message est presque une copie conforme de celui que le Kremlin avait envoyé à la Maison-Blanche, en 1956 lors de la crise de Suez. Le sort de la planète est en jeu.

Spécialiste de la guerre froide, André Fontaine dira de cette période, que «*sans doute, jamais le monde ne fut si près d'une guerre nucléaire*» [20]. Les témoignages des personnages-clefs de la Maison-Blanche confirment cette assertion. C'est une véritable partie de poker aux enjeux terrifiants qui se joue. Un savant dosage d'intelligence politique, d'intimidation brutale et de bluff. Un geste mal interprété du Président américain ou du Secrétaire général du parti communiste d'Union soviétique et le monde entier bascule dans l'horreur de la guerre nucléaire.

Lyndon Johnson fait front: 1967 ne sera pas une répétition de 1956. Le Président américain, cette fois, se refuse à céder au chantage soviétique. Il ordonne à toutes les unités de la 6e flotte de faire mouvement vers la zone des combats, prêtes à intervenir. Puis, le «*Texan de six pieds douze pouces*», comme il se dénomme parfois lui-même, rédige un message adressé au Président du Conseil soviétique. Il lui rappelle que les États-Unis se sont engagés à sauvegarder l'intégrité et l'indépendance d'Israël. « *Nous sommes déterminés à respecter nos engagements* », affirme-t-il. Qu'il n'y ait pas de malentendu, dit-il en substance à Kossyguine : si l'Union soviétique intervient militairement, les États-Unis se lanceront eux aussi dans la bataille. Toute action militaire de l'URSS contre Israël déclencherait la riposte immédiate de la 6e flotte et une confrontation atomique entre les deux grandes puissances. La politique d'intimidation du Kremlin, qui avait si bien marché pendant l'expédition de Suez, ne donne plus les fruits escomptés. La corde est trop usée. Devant la fermeté américaine, Moscou cède. L'armée rouge ne débarquera pas au Caire. A l'instar de ses protégés, l'Union soviétique a provisoirement perdu la bataille.

Le monde a peut-être frôlé le pire. Pourtant, la crise n'est pas totalement dénouée et la tension atteint une nouvelle fois son paroxysme. Le secrétaire d'État à la défense, Robert Mc Namara commente : « *Le 8 juin, le cessez-le-feu est conclu avec la Jordanie et l'Égypte, et le 10 avec la Syrie. La fin de la guerre s'annonce imminente. Et puis tout bascule, Kossyguine rappelle sur la ligne directe, menaçant : 'Si vous voulez la guerre, vous l'aurez.' Peut-être Kossyguine réagissait-il à nos récentes manœuvres. En effet, par crainte que l'URSS n'encourage l'Égypte à contre-attaquer Israël, nous avons donné l'ordre à la 6e flotte de se diriger vers l'Est, afin de placer le corps expéditionnaire en position de défendre Israël. Face à la menace de Kossyguine, Johnson opte pour la fermeté. Il m'ordonne de rapprocher la 6e flotte de la côte syrienne afin de montrer sans équivoque nos intentions. Le dialogue se poursuit au téléphone rouge et aboutit à un accord de cessez-le-feu. Mais une fois encore, les superpuissances avaient frôlé l'affrontement. Si les Israéliens et Syriens n'étaient pas parvenus à un cessez-le-feu, une intervention militaire des superpuissances dans la région n'aurait pu être évitée... ni les USA, ni l'URSS n'ont pris l'initiative de déboucher sur un conflit armé, mais par manque d'informations, ou erronées ou mal interprétées, il y a eu affrontement. Et dans chacun des cas, au fur et à mesure que la crise évoluait, les tensions augmentaient, les passions s'exacerbaient et le risque de décisions irrationnelles se faisait plus pesant* » [21].

La lutte d'influence au Moyen-Orient entre les deux superpuissances débouche sur une confrontation, mais une confrontation qui, pour la sauvegarde de l'humanité, reste jusqu'au bout bornée par la limite étroite de la non-intervention. La « *conquête* » politique du Moyen-Orient ne justifie ni la destruction de Moscou ni celle de New York. L'équilibre de la terreur a, cette fois, bien fonctionné. Pourtant, Johnson avouera plus tard qu'une troisième guerre mondiale a été évitée de justesse.

États-Unis — Israël : une interdépendance croissante

La Guerre des Six Jours voit les États-Unis s'engager pour la première fois clairement et sans la moindre ambiguïté du côté israélien. De manière concomitante, l'URSS apporte son total soutien au monde arabe « *progressiste* ». Cette polarisation des alliances s'accompagne d'un interventionnisme toujours plus grand des deux grandes puissances. Celles-ci consolident leur position grâce à une aide économique et militaire, notamment par le biais de fourniture de systèmes d'armement qu'elles sont seules à produire. La guerre de 1967 pave ainsi la voie à une extension de l'affrontement Est-Ouest, établi lors de la guerre froide. Les plus sûrs atouts du bloc soviétique sont l'Egypte, la Syrie et dans une moindre mesure l'Irak. Quant aux puissances occidentales, elles oscillent entre le neutralisme et le soutien à Israël. Seule la France, par sa politique pro-arabe, ainsi que le Liban et la Jordanie parmi les pays de la ligne du front, viennent brouiller les cartes de l'affrontement Est-Ouest.

Une fois les hostilités finies, les Américains se retrouvent plus engagés du côté israélien qu'ils ne l'ont jamais été. Dans l'après-guerre, le président épouse la thèse du gouvernement de Jérusalem qui se résume lapidairement par la formule : « *La paix contre les territoires* ».

Aux niveaux économique et militaire, les relations entre les deux pays ne cessent de se renforcer. Pour l'État hébreu, cette dépendance n'est pas dictée par un choix mais par une nécessité bien compréhensible : les États communistes ont rompu leurs relations diplomatiques et la France, son allié depuis toujours, l'a lâché au moment crucial. Ne restent que les États-Unis, qui, plongés dans le bourbier vietnamien, voient dans le succès israélien le symbole tant attendu d'une victoire du « *monde libre* ».

En outre, le terreau a toujours été favorable au rapprochement entre les deux États. Dans la psychologie collective américaine, les deux nations sont marquées au fer rouge de l'Histoire. Un fil invisible relie un peuple élu de Dieu à une jeune nation dont le destin semble chevillé à une mission civilisatrice de l'humanité. Dans cette cosmogonie dérivée de la Bible, les États-Unis se perçoivent comme l'aboutissement d'Israël, les pionniers du Nouveau Monde fermant la boucle ouverte par les Hébreux. Ainsi, « *une connexion spéciale unit ces deux peuples* ». Mélange complexe pour les Américains, « *de compassion pour un peuple persécuté, d'identification aux prophéties bibliques et d'admiration pour le système démocratique israélien* » [22].

Le rôle joué par les Juifs américains est une autre composante de cette entente privilégiée. Une grande partie de l'aide américaine repose sur leurs pressions parlementaires et leurs actions philanthropiques. Une mauvaise conscience les agite : ils ont laissé perpétrer l'extermination de leurs coreligionnaires européens sans avoir tenté l'impossible pour les sauver. Les cris à l'extermination des Israéliens que lancent Choukeiry et la propagande arabe résonnent comme la continuation du génocide de la Deuxième Guerre mondiale. Cette fois-ci, les Juifs américains ne laisseront pas faire : Israël pourra compter sur le soutien de la diaspora. Au surplus, l'appui que les Juifs donnent à Israël est aussi une porte de sortie qu'ils se ménagent en cas d'urgence, une assurance-vie en quelque sorte. Si Auschwitz a été possible dans le pays le plus éduqué d'Europe, l'un des berceaux de la culture de l'humanité, pourquoi l'horreur ne pourrait-elle pas se reproduire ici ?

À ces sentiments, s'ajoutent des considérations purement électoralistes qui renforcent la dynamique de soutien à Israël. Les électeurs juifs sont peu abstentionnistes de nature et leurs votes se concentrent dans les états-clefs de la géographie politique des États-Unis. Ceux-là mêmes qui déterminent largement le succès d'un candidat à la Maison-Blanche.

L'URSS,
le soutien inconditionnel au monde arabe

L'ampleur de la défaite militaire met les Soviétiques dans une position embarrassante : leur prestige est atteint, la réputation de leurs armes et de leurs conseillers est ternie et leur dissuasion à l'égard des Israéliens n'a pas fonctionné. L'URSS se retrouve coresponsable de la défaite de ses protégés. Pire que cela : les Égyptiens imputent à la prudence soviétique, une grande partie de la défaite militaire et leur reprochent à la fois de n'avoir pas poussé l'Égypte à prendre l'initiative des hostilités, et de ne pas l'avoir soutenue militairement au moment crucial. Contrairement à ce qu'il a fait pour les autres pays « *amis* », Gamal Abdel Nasser se garde, après le combat, de remercier l'Union soviétique de son soutien. Pour les Arabes comme pour les Soviétiques, l'heure est au désenchantement.

Dans l'immédiat après-guerre, l'URSS pâtit de la déroute arabe. La force du Kremlin sera d'utiliser la débâcle de ses alliés à son profit. Bien qu'insatisfaite des régimes nassérien et baasistes, l'Union soviétique leur apporte son concours. Ils parlent de revanche, soit. L'URSS leur donnera les moyens de se battre. Utilisant le puissant sentiment d'humiliation arabe comme levier de son influence, le Kremlin avance ses pions. En visite officielle, Podgorny, président du Soviet suprême, est acclamé par des centaines de milliers d'Égyptiens. L'homme de la rue croit qu'une alliance militaire égypto-soviétique est sur le point d'être conclue pour chasser les Israéliens du Sinaï.

Cet appui massif à l'Irak, à la Syrie et à l'Égypte propulse le Moyen-Orient dans une course aux armements. Des missiles SA 3 et d'autres armes modernes et performantes sont livrés aux pays arabes, alors qu'ils restent inconnus au Vietnam. L'équilibre des forces ne tarde pas à se rompre. Pour conserver une stabilité régionale, les États-Unis accordent un soutien toujours plus large à Israël. Ce processus d'action-réaction fait le jeu de l'URSS. Elle devient l'alliée privilégiée du monde arabe, alors que les États-Unis sont identifiés avec l'État hébreu. De ce fait, les Américains voient leurs positions fragilisées dans tous les autres pays de la région. Cette polarisation des alliances profite à Moscou : la marine de guerre soviétique obtient des facilités portuaires en

Syrie et en Egypte et des milliers de conseillers militaires sont envoyés au Moyen-Orient pour former les cadres arabes à l'utilisation de systèmes d'armement sophistiqués. Par le biais de cette pénétration technico-militaire, l'URSS fait coup triple : elle aide techniquement ses protégés, gagne un droit de regard sur les initiatives syriennes et égyptiennes, et enfin, acquiert un certain contrôle de la situation.

Là, sans doute, réside l'un des nombreux paradoxes de cette guerre. Puissance défaite au soir du 10 juin 1967, désavouée même par ses protégés, l'Union soviétique apparaît deux ans plus tard, comme le grand vainqueur de cette guerre. Elle a su utiliser la déroute de ses alliés pour s'implanter solidement dans la région.

Bilan de la guerre

La Guerre des Six Jours est l'incarnation même du modèle idéal de « *Blitzkrieg* » (guerre-éclair). Israël, pour la première fois de sa courte histoire, se trouve en position de force. Le temps ne joue plus contre l'État hébreu. Il possède des territoires qui devraient servir de monnaie d'échange lors d'un règlement du conflit.

La victoire israélienne s'accompagne de pertes beaucoup moins lourdes que prévues. Au lieu des 40 000 morts que redoutaient certains analystes, 679 soldats israéliens ont perdu la vie, 2 500 autres ont été blessés et 18 faits prisonniers. 130 chars et une quarantaine d'avions sont partis en flamme. Le bilan s'avère autrement plus meurtrier dans le camp arabe : plus de 25 000 soldats ont péri et 5 920 faits prisonniers. Les pertes matérielles sont tout aussi impressionnantes. L'aviation et l'armée ont été littéralement laminées : 450 avions détruits, dont huit formations de Migs 21 flambant neufs, ainsi que 1 100 chars dont 300 tombés intacts aux mains de l'ennemi. La Jordanie a perdu 150 de ses 250 tanks et ses 21 avions de combat, l'Égypte 500 tanks et 340 avions, la Syrie entre 50 et 80 avions (suivant les estimations). Il faudra attendre mai 1968 pour que les fournitures soviétiques intensives parviennent à reconstituer l'arsenal égyptien et syrien.

Sur le terrain, les données stratégiques sont inversées. Le cauchemar de la défense des frontières israéliennes se termine. Avant le conflit de juin, la largeur du territoire en son point le plus étroit, se limitait à 15 petits kilomètres. C'était *« le ventre mou d'Israël »*. Une avance conjointe des armées égyptiennes et jordaniennes aurait sectionné l'État en ses maillons les plus fragiles, à un point où celui-ci concentre plus de 60 % de sa population et les deux-tiers de son potentiel industriel. De surcroît, une grande partie des centres vitaux israéliens situés entre Hadera (près de Césarée) et Tel-Aviv étaient à portée des armes lourdes jordaniennes. Ajoutons à cela, l'isolement dans lequel aurait pu se trouver le port d'Eilat, ainsi que Jérusalem-Ouest, reliée seulement au reste du pays par un étroit corridor, sans compter *« le doigt »* de la Galilée.

Les lignes du cessez-le-feu écartent toute possibilité d'une attaque-surprise de l'aviation égyptienne. Il faut désormais 16 minutes supplémentaires pour atteindre les villes israéliennes. Un temps largement suffisant pour contrer le danger. La nouvelle frontière avec l'Égypte sur le Canal de Suez se retrécit à 98 km de long au lieu des 265 km précédents. Le Sinaï offre une profondeur stratégique qui met Israël à l'abri de toute mauvaise surprise, et le Caire ne se trouve plus qu'à 130 km de la ligne du cessez-le-feu. Sur la frontière nord avec la Syrie, les Israéliens dominent désormais les hauteurs du Golan. La frontière jordanienne, celle qui posait le plus de problèmes aux militaires israéliens est solidement verrouillée. L'armée hachémite qui n'était qu'à quelques kilomètres des grands centres urbains et menaçait de couper Israël en deux est désormais reléguée sur l'autre rive du Jourdain.

Toutefois, cette victoire pose deux problèmes aux militaires israéliens : celui de ne plus pouvoir transférer aussi rapidement des troupes du front syrien au front égyptien et d'autre part, celui qui les oblige à adopter des concepts de défense statiques, qui affectent le moral des troupes.

Au lendemain de la guerre, Israël est bien le maître militaire du Moyen-Orient. Pourtant, jamais la diplomatie israélienne ne parviendra à concrétiser les acquis militaires, en termes politiques. Le slogan, *« la paix contre les territoires »* est perçu dans le camp arabe comme l'ultime arrogance des Israéliens, qui ont le toupet de négocier *« une prime à l'agression »*. Les Arabes se révoltent contre ce qui leur paraît un diktat, alors que vingt-cinq mille de leurs soldats viennent de périr, qu'un exode massif de populations fuit devant l'armée juive, que le Sinaï, Gaza, Jérusalem-Est, la Cisjordanie et le Golan sont tombés sous la botte israélienne et que l'opinion publique arabe est plongée dans le plus profond désarroi. Israël a mis le monde arabe à genoux. La brutalité de la victoire rend la négociation impossible. Humiliés, les leaders des États arabes exigent avant toute chose *« d'effacer les traces de l'agression »*, autrement dit de revenir au tracé des frontières d'avant le 5 juin, sans renoncer pour autant à l'état de belligérance avec Israël. En fait, aucun des chefs d'État ne se sent suffisamment fort pour se mettre à la table de négociation avec *« l'ennemi sioniste »*. Nasser, *« le lion arabe »* est définitivement brisé par la défaite, de plus, il se croit menacé d'un putsch militaire. Le roi Hussein est dépossédé de la partie productive de son pays. Quant à Atassi, il fait piètre figure pour s'être défilé au début de la guerre.

L'intransigeance est donc le mot d'ordre dans le monde arabe alors que la victoire ne dispose guère Israël aux concessions. La reconnaissance de leur État, le libre accès au canal de Suez et à Eilat, la disparition des places fortes jordaniennes à proximité de leur territoire, comme du balcon syrien sont des revendications minimalistes. En attendant, Israël mène une politique de fait accompli, *« d'annexion rampante »* visant à l'intégration de la Cisjordanie dans l'économie israélienne et à l'implantation de points de peuplement. Quant à Jérusalem, la ville n'est plus à négocier, elle est, pour l'immense majorité des Israéliens, réunifiée. La ville sacrée incarne à elle seule, le conflit insoluble. Elle est le microcosme de tout le problème palestinien. Comme l'écrit à raison Errera-Hœchstetter : *« Sa signification historique, son unicité sacrée, son rayonnement sentimental, font de Jérusalem l'expression la plus simple et la plus complexe de ce droit exclusif que Juifs et Arabes se disputent en Palestine. Même contre un traité de paix avec le roi Hussein, les Israéliens dès 1967 ne lui rendront pas la Ville sainte et lui ne pourra pas s'entendre avec eux sans l'avoir reprise. »* L'évolution des esprits, la résurgence religieuse islamique et juive, l'exacerbation des nationalismes arabes et israélien conduisent à un raidissement de la situation. À l'intransigeance traditionnelle des États arabes, s'ajoute pour la première fois celle de l'État juif. Le cercle vicieux du refus de l'autre se referme au Moyen-Orient.

Au-delà de la position politique de chaque État, un élément essentiel est en train de surgir. La Guerre des Six Jours contient en germe un changement fondamental dans le conflit israélo-arabe, mais rares sont les observateurs qui en prennent immédiatement conscience : jusqu'ici, l'affrontement entre Israël et ses voisins arabes répond à la définition d'une guerre classique qui oppose différents Etats-nations. Après juin 1967, le conflit n'est plus seulement inter-étatique, mais devient aussi une guerre de libération nationale. Certes, le Fatha s'est constitué en 1965 et des raids de guérilla ont frappé le territoire israélien avant le mois de juin. Mais l'occupation militaire de la Cisjordanie et de Gaza éveille, plus que tout, le sentiment national palestinien. La déroute honteuse des armées arabes en 1967 marque donc le réveil de la conscience nationale palestinienne. L'ossature politique et militaire du Fatah, puis des nouvelles organisations palestiniennes, est composée de réfugiés, qui entendent reprendre en main leur destin national, après l'avoir abandonné *« aux frères arabes »*. La victoire militaire la plus éclatante de l'État hébreu libère pleinement les forces du nationalisme palestinien, qui ne vont cesser depuis lors de se renforcer.

Un point commun unit pourtant les États du Moyen-Orient. À tort ou à raison, ils sont déçus par l'attitude des grandes puissances et des Nations unies. Certes, leur nationalisme ombrageux ne les prédispose guère à l'indifférence ou à la tolérance. Israël perçoit le *« lâchage »* de la France comme une trahison, la conduite du Secrétaire Général des Nations unies lors du retrait des Casques bleus comme celle d'un être faible, manipulé par Nasser, et la prudence des États-Unis comme une hésitation de l'un de ses alliés à voler à son secours. Quant aux Arabes, ils ne comprennent pas que leur protecteur soviétique soit resté les bras croisés, alors qu'ils traversaient l'une des périodes les plus sombres de leur histoire. U Thant et l'ONU ne sont pas logés à meilleure enseigne. Les Arabes constatent amèrement que l'organisation internationale ne leur a été d'aucun secours pendant l'agression israélienne.

Le monde arabe humilié : les causes de la défaite

Pour le monde arabe, la défaite est un véritable traumatisme. La dénonciation par Gamal Abdel Nasser de l'intervention militaire anglo-américaine aux côtés d'Israël, paraît aussi absurde que ridicule. Heykal dans *Al Ahram* du 21 juin 1968 dira seulement que c'était une *« tentative d'évasion de la réalité des faits »*. La débâcle provoque un désarroi profond dans le monde arabe, qui met en cause non seulement la responsabilité des militaires, mais de la société dans son ensemble. Le quotidien égyptien *Musawar* du 25 août 1967 constate : *« Nous parlions de victoire sans faire en sorte qu'elle arrive (...) Israël nous a vaincu alors que nous étions occupés à nous rencontrer et à palabrer sans fin. »* Le prince-héritier Hassan de Jordanie affirme lors d'une cérémonie militaire retransmise sur Radio-Amman le 23 octobre, que les Arabes ne se seraient jamais trouvés dans cette situation, *« si les émotions n'avaient pas paralysé l'intellect »*. Radio-Tunis le 15 septembre relève : *« Les leaders arabes encouragent leurs peuples dans leurs désirs et leurs rêves et leur dissimulent tout ce qui pourrait provoquer leur colère, jusqu'à ce qu'un inévitable nouvel échec se produise. » « Nous avons été amenés à croire (par la propagande arabe) que nous pouvions liquider Israël en trois heures, alors que soudainement en trois heures, Israël nous a rendus honteux »*, écrit un journal koweitien. Dans les mois qui suivent le 10 juin 1967, les commentaires de ce type sont légion. Ils dépeignent amèrement un peuple arabe incapable de faire face à la réalité, se réfugiant dans un monde fait d'illusions confortables et simplistes, avec la bénédiction toute-puissante de leurs chefs politiques.

Le terme même de *« défaite »* n'est utilisé que tardivement et encore avec précaution. Le roi Hussein, le président égyptien et le parti Baas en Syrie parlent de « *naksa* » ou de « *recul* ». Ce n'est que le 29 septembre que Heykal mentionne intentionnellement le terme de « *défaite* » ou « *hazima* » et encore pour constater que, même sémantiquement, les Arabes n'osent utiliser ce terme : « *Le président Gamal Abdel Nasser,* écrit-il dans l'édition du 17 novembre de *Al Ahram, a dit : 'Nous avons connu une défaite militaire'. C'est la première fois,* poursuit Heykal, *que le mot de 'défaite' était mentionné. Chacun réalisa ce qui était arrivé mais personne n'eut le courage ou peut-être le nerf de prononcer le triste, mais correct mot pour décrire la réalité.* »

La défaite arabe apporte de l'eau au moulin des conservateurs et des religieux. Selon eux, elle est la conséquence directe de l'importation des idéologies étrangères. Le socialisme n'est qu'un nouvel avatar de l'Occident qui détruit « *l'authenticité* » arabe et affaiblit d'autant son peuple. Cecil Hourani, intellectuel libanais et ancien conseiller du président Bourguiba écrit dans *Nahar*, le 13 août 1967 : « *La plus grande source de faiblesse durant les 20 dernières années a été l'introduction dans la vie politique arabe, de méthodes de gouvernement et de slogans idéologiques qui ne correspondent ni de près ni de loin aux conditions de vie dans les pays arabes.* » Des traditionalistes attribuent la défaite au manque d'observation des principes coraniques. Le Premier ministre jordanien Juma déclare le 5 juillet sur Radio-Amman : « *Ce qui a affaibli la nation arabe, c'est l'abandon de l'Islam.* » Même Gamal Abdel Nasser n'exclut pas la possibilité que ce soit Dieu qui ait imposé une épreuve aux croyants musulmans : « *Frères,* déclare le président Nasser sur Radio Le Caire le 23 juillet, *peut-être Dieu Tout-Puissant voulait-Il nous mettre à l'épreuve afin de juger si nous méritons ce que nous avons accompli jusqu'ici et si nous avons le courage d'être patients et forts dans l'épreuve. Frères, peut-être Dieu Tout-Puissant voulait-Il nous donner une leçon, afin de nous enseigner ce que nous n'avons pas appris, de nous rappeler certaines choses que nous avons pu oublier et de laver nos âmes des erreurs que nous commettons à mesure que nous construisons une nouvelle société. Quelle que puisse être la volonté divine, nous en acceptons les épreuves comme faisant partie de notre destinée.* »

Sans recourir nécessairement à des explications théologiques, comment le monde arabe s'explique-t-il pareille déroute ? Dans sa biographie du président égyptien, Heykal dépeint un Nasser visionnaire, confronté à un haut-commandement incapable et irresponsable : « *Il* [Nasser] *vit la défaite venir. Il prédit que les Israéliens commenceraient par attaquer les aéroports égyptiens et il avertit constamment les forces aériennes de se tenir en état d'alerte contre une attaque surprise. Mais l'attaque arriva exactement comme il l'avait prévue, et ils furent pris par surprise* » [23].

Cette thèse, peu crédible, a le mérite indiscutable d'enlever toute responsabilité au raïs égyptien. Nasser lui-même, dans son discours du 9 juin en même temps qu'il annonce aux Égyptiens sa démission, affirme : « *Nous attendions les avions israéliens à l'est où étaient orientés les radars, or ils sont venus du nord et de l'ouest* » [24]. Cette explication laisse sceptique puisque même les aérodromes secrets ont été détruits. La thèse du sabotage a aussi été avancée. Un groupe d'officiers factieux aurait favorisé la défaite afin de renverser le régime nasserien. Mais aucun argument solide ne vient étayer cette hypothèse.

Pour beaucoup de commentateurs arabes, la défaite est due au seul fait que les Arabes n'ont pas pris l'initiative directe des combats. Le brigadier Urayyim, chef des forces irakiennes en Jordanie cité par le journal *Jumhuriya* en Irak, affirme que « *si nous avions commencé la bataille, les armées arabes auraient été à Tel-Aviv en moins de trois jours »*. Mais la plupart des commentateurs s'accordent à reconnaître que ni l'armée égyptienne, ni les forces arabes en général n'étaient prêtes au combat. Le roi Hussein dira sur Radio Amman le 11 juillet : *« Il est évident que nous sommes entrés en guerre sans nous être donné les moyens de vaincre. »* Nasser ajoutera que *« l'état-major égyptien n'a pas correctement analysé la situation »* [25]. Le président égyptien ajoutera que *« le commandement égyptien a souffert de la confusion dès le début des hostilités »*. Les critiques s'en prennent aux officiers dont la promotion dépend plus du réseau de leurs relations que de leurs capacités militaires. Le président soudanais Azhari dans le journal *Sayyad* du 9 novembre constate que le manque de coordination a été particulièrement dommageable : *« Israël a un commandement unifié alors que les Arabes se sont battus avec des forces séparées sous des commandements séparés. »* Mais c'est la supériorité du service de renseignement israélien que le président égyptien et le roi Hussein mettent particulièrement en avant : *« L'ennemi en savait plus sur nous que nous en savions nous-mêmes »*, avoue dans le même sens le président Arif d'Irak (Radio Bagdad, 28 juin).

En effet, les carences de l'armée égyptienne sont de taille. La jeune armée de 1952, sportive, ardente, dévouée qui remplace l'armée faroukienne où, selon le mot de Jean Lacouture, les grades se mesuraient au tour de taille, a beaucoup changé. Une caste de privilégiés surnommée *« la classe des obèses »* se reconstitue. Les officiers supérieurs sont payés grassement et entretiennent l'immobilisme. Certains restent 15 ans affectés aux mêmes postes, ce qui engendre un comportement quelque peu *« féodal »*. Le rôle de l'armée égyptienne comme des autres armées arabes n'est pas clairement défini. S'agit-il en priorité de combattre l'ennemi sioniste ou de préserver le régime ? En ce qui concerne le premier objectif, les déficiences sont sans nombre : l'état d'alerte est maintenu de nuit uniquement, l'armement moderne n'est pas assimilé par les soldats, les officiers manquent de motivation, la coordination entre les différentes troupes fait défaut...

La fausse sortie de Nasser

Le 9 juin, la démission du président Nasser sonne comme l'un des coups de théâtre de cette guerre. Le matin même, la colère a gagné le peuple. Pour la première fois, des réactions hostiles à Nasser se font entendre. Beaucoup d'Égyptiens affirment : *« C'est lui le seul responsable de la défaite, il faut qu'il s'en aille »*, mais personne n'imagine qu'il puisse démissionner. Comme le raconte Heykal, Nasser est prêt à assumer l'entière responsabilité de la défaite. *« Si le peuple me juge coupable,* lui confie-t-il, *et me pend à la Place de la Libération, je pense qu'il aura raison »* [26]. Nasser s'effondre nerveusement et psychologiquement. Ses quinze ans de règne sans partage, pendant lesquels il a reconstitué son armée au prix d'énormes sacrifices sont réduits à néant.

Eric Rouleau, à l'époque correspondant du *Monde* au Caire, restitue le climat de l'époque, dans lequel se débattait Nasser : « *« Après la disparition de son aviation, la débandade de son armée, la mort de milliers de ses soldats..., Nasser s'effondre. Il est surtout bouleversé par l'arrivée des troupes israéliennes sur les rives du Canal de Suez. Ce même canal qu'il avait libéré de l'emprise britannique, et à quel prix ! Dans le domaine politique, il se sent abandonné. L'URSS n'a pas bougé pour sauver son armée, l'opinion mondiale est favorable aux vain-*

queurs. Son prestige a fondu. » Leader incontesté du monde arabe hier, il n'est plus rien. Son régime est au bord du gouffre. « *Au soir de la défaite, Nasser est un homme brisé. À la télévision, traits tirés, visage torturé, la diction hésitante, il lit un texte, trébuche sur les mots, lui le grand tribun, la voix étranglée en annonçant son retrait de la vie politique. La réaction de la foule est immédiate. Ce fut un extraordinaire spectacle que ces milliers de gens dans la nuit, hurlant 'Nasser, Nasser, ne nous quitte pas, nous avons besoin de toi'*, raconte Eric Rouleau. *Les femmes se jetaient à terre, les hommes pleuraient. C'était*, note le journaliste du Monde, *'un peuple plongé dans le deuil'* » [27].

L'Égypte : être Cuba ou une république bananière

Nasser revient sur sa démission. Il se refuse toutefois à être l'homme de la capitulation. Ce n'est pas lui qui incarnera le rapprochement avec les Américains et encore moins avec l'ennemi sioniste. Tant qu'il tiendra les rênes du pays, jamais l'Égypte ne deviendra le vassal des États-Unis, pense-t-il. Mais l'homme qui avait su en 1956 apparaître comme le véritable leader du monde arabe, celui qui avait réussi à transformer par son charisme et son talent diplomatique une défaite militaire en victoire, est brisé par la Guerre des Six Jours. Son confident Heykal dira de lui : « *Les événements de juin 1967 ont blessé le lion arabe. Jamais, il ne s'en rétablit.* »

Le courant conservateur de l'armée est épuré. Huit cents officiers sont écartés après la défaite du 9 juin. L'Égypte est à la croisée des chemins. Nasser en résume lapidairement les alternatives : « *Le conflit de juin nous condamne à être soit une république bananière, soit le Cuba du Proche-Orient.»* En fait, le raïs n'a guère le choix: il ne peut s'appuyer ni sur les États-Unis ni sur la France et l'Angleterre. Certes, ces deux derniers pays ont tourné la page sur les mauvais souvenirs de l'expédition de Suez, mais leurs gouvernements ne sont pas prêts à remettre en question un équilibre géostratégique d'une région qui est cruciale pour leur approvisionnement énergétique au profit de seuls intérêts commerciaux, dont on doute qu'ils soient un jour honorés. Depuis les temps pharaoniques, les finances égyptiennes ont cessé d'être florissantes. Reste donc à l'Égypte à devenir le Cuba du Moyen-Orient, car seule l'Union soviétique a les capacités et la volonté politique de reconstituer le potentiel militaire égyptien et donc de satisfaire le but du raïs: abattre l'ennemi sioniste qui devant le monde ébahi, l'a ridiculisé. Au maréchal Zakharov, de visite en Égypte, Nasser dit: *«Je vous donne carte blanche pour inspecter mon armée, et faites-moi un rapport. Envoyez vos officiers dans les unités, et s'ils trouvent des résistances, signalez-les-moi...».*

La défaite de juin 1967 se solde donc par un rapprochement avec l'URSS. Mais Nasser est trop subtil pour n'être qu'un simple pion dans la stratégie soviétique, et l'Orient répond à une alchimie compliquée où le jeu des alliances ne cesse de se recomposer.

Israël: la puissance militaire du Moyen-Orient

La victoire surprise déclenche une exhaltation nationaliste comme le pays n'en a jamais connue et donne un sentiment d'invincibilité à sa population. La profondeur stratégique ouvre les options aux décideurs politiques israéliens. Non seulement les conquêtes territoriales, qui quadruplent (de 20 700 à 88 550 km^2) la superficie du pays, marquent apparemment la fin du cauchemar stratégique israélien, mais de plus, sur les bris de sa victoire-éclair, l'État hébreu s'érige comme la première puissance du Moyen-Orient.

Les Israéliens en politique étrangère sont quasi unanimes : face à l'intransigeance arabe, à l'hostilité soviétique, à *« l'antipathie »* française, aux incohérences de l'ONU, et aux incertitudes américaines, la population israélienne est décidée à ne rien céder sans contrepartie tangible. Mais les gains territoriaux ne sont pas un simple butin de guerre qu'il s'agit de négocier au mieux le moment venu. À chaque espace conquis, correspond une place spécifique dans la politique israélienne. Le Sinaï et la zone de Kuneitra en Syrie sont considérés comme de pures prises de guerre. Leur valeur est uniquement stratégique : ils servent de glacis pour desserrer l'étau autour d'Israël. En cas de règlement du conflit, les Israéliens semblent prêts à les rendre. La Cisjordanie appartient autant, sinon plus au registre émotionnel que stratégique. Dans la psychologie collective des Israéliens, elle est partie intégrante de la Terre Promise, de la Palestine biblique. Même quand ils ne la revendiquent pas, les Israéliens se sentent concernés par elle. Elle devait dans le plan de partage de 1947 de l'ONU, constituer une partie substantielle du territoire de l'État palestinien. Plan que les Juifs à l'époque avaient accepté et les Arabes rejeté. Depuis 1950, le roi Hussein avait de force annexé la Cisjordanie et entamé une politique plus ou moins réussie de *« jordanisation »* de sa population.

Dans l'immédiat après-guerre, les milieux gouvernementaux sont très discrets sur l'avenir de la Cisjordanie. La population israélienne est profondément divisée, le spectre va de l'accommodement à l'intransigeance, en passant par toutes les variantes. De vagues projets de fédération avec la Cisjordanie émergent, où vivraient tous les Arabes y compris ceux d'Israël, sans armée, ni diplomatie... idées parfois généreuses, souvent chauvines, avec toutefois un dénominateur commun : elles sont irrecevables pour les Arabes.

Si le Golan et le Sinaï appartiennent au registre stratégique, la Cisjordanie au domaine à la fois stratégique et religieux, Jérusalem est clairement du ressort théologique. Son avenir ne souffre aucune discussion : pour la quasi totalité des Israéliens, la ville est enfin réunifiée. L'annexion rapide ne pose aucun problème de politique intérieure. Pourtant, la prise de la Ville Sainte modifie profondément le caractère du pays.

La victoire foudroyante transforme la psychologie collective des Israéliens. Elle leur donne un sentiment de puissance inconnu jusque-là. Elle pave la voie à une nouvelle conception spatiale d'Israël. Les frontières ne doivent plus être bornées par les limites du seul droit international, mais doivent aussi répondre à des considérations stratégiques et théologiques. Quant à la prise et l'annexion de Jérusalem, elle offre le soubassement idéologique à des interprétations quasi mystiques de ces Six Jours miraculeux. L'armée juive n'est-elle pas, après tout, le doigt du Seigneur qui a terrassé les armées arabes ? Sans le secours de Dieu, cette victoire miraculeuse est-elle seulement imaginable ? La Guerre des Six Jours libère des forces religieuses, jusqu'alors marginales. Des Israéliens se voient « confirmés » dans leur authenticité, dans leur rôle défini par le Livre Saint sur la scène de l'Histoire. La réaffirmation de l'identité juive n'est plus seulement représentée par sa forme laïcisée qu'est le sionisme, mais aussi à travers sa dimension religieuse. Au nationalisme traditionnel d'Israël s'ajoute et parfois s'oppose une dimension mystique. De ces liens incertains entre une conception « rigide et exclusive » du judaïsme et du nationalisme se façonne une idéologie mystico-nationale, qui progressivement concurrence l'idéal sioniste. La Guerre des Six Jours marque à sa façon l'apogée du sionisme, dans ses aspects démocratique, égalitaire et socialiste, pour laisser ensuite le champ libre à une idéologie nationaliste, parfois empreinte d'irrationalisme religieux.

L'OPINION OCCIDENTALE : SAUVER ISRAËL DU PÉRIL ARABE

L'opinion publique internationale

À la veille de la Guerre des Six Jours, l'opinion publique occidentale accorde massivement son soutien à l'État hébreu. En revanche, l'attitude des gouvernements demeure infiniment plus mesurée, oscillant entre le non-interventionnisme bienveillant à l'égard d'Israël, et le soutien discret aux thèses arabes. Sans aucun doute, le cas de la France est le plus symptomatique du « décrochage » qui se produit entre la société civile et la classe politique.

Tout incite l'opinion populaire à verser du côté des Israéliens : le génocide de la Deuxième Guerre mondiale, l'expédition malheureuse de Suez, la virulence de Nasser à l'égard de l'Occident, la disproportion des forces sur le terrain, la propagande arabe qui ne laisse guère de doute sur le sort atroce réservé aux survivants juifs après une éventuelle défaite d'Israël, absolument tout, à l'exception de l'or noir, milite pour soutenir l'État hébreu, menacé d'extermination. Perçus avec des nuances diverses, comme David affrontant un Goliath formé par 50 millions d'Arabes criant à sa disparition, le soutien populaire est massif pour l'État hébreu, même si les gouvernements n'en tiennent que marginalement compte.

Selon les sondages faits avant le 5 juin, 55 % des Américains, 50 % des Anglais, 58 % des Français et 67 % des Hollandais soutiennent la cause israélienne alors que seulement 4 % des Américains, 5 % des Anglais, 2 % des Français et 0 % des Hollandais prennent le parti des Arabes [28]. Si l'opinion publique accorde totalement ses faveurs à l'État hébreu, la classe politique est, elle, traversée de courants contradictoires qui vont bien au-delà des traditionnelles lignes de fractures entre la gauche et la droite.

Au sein même des partis, le conflit israélo-arabe brouille les cartes des affinités idéologiques. Le poids de l'histoire, la décolonisation récente, l'expérience de Suez, le spectre de Munich, les intérêts économiques, sont autant de paramètres que chacun, suivant un dosage subtil, hiérarchise et interprète à sa façon. La gauche démocratique et la droite libérale se rangent plutôt du côté de l'État hébreu. Mais les contre-exemples abondent : de Gaulle et certains de ses partisans penchent pour un soutien modéré aux gouvernements arabes, tout comme le gouvernement démocrate-chrétien de Rome. Les conservateurs britanniques sont, par leur lien historique, aussi plutôt favorables au monde arabe, les travaillistes sont partagés. Les communistes occidentaux, suivant la politique du Kremlin, se rangent du côté arabe, de même que certains courants d'extrême-droite, *« antisémites naturels »*.

Parmi les intellectuels progressistes, beaucoup perçoivent Israël comme un pion de l'impérialisme américain face au socialisme déclaré des États arabes. En effet, depuis la Conférence de Bandoung en 1955, Nasser était devenu avec Nehru et Tito, l'une des grandes figures du non-alignement. Le révolutionnarisme arabe proclamé par l'Égypte, la Syrie et l'Irak ne peut que séduire ces intellectuels de gauche. Pourtant si l'idéologie leur dicte de soutenir *« les masses révolutionnaires et le socialisme arabe »*, les appels à la destruction d'Israël et à l'extermination de ses habitants les bousculent quelque peu dans le confort de leur univers mental.

Quant aux Juifs, dans leur immense majorité, ils sont des partisans inconditionnels d'Israël. Même les plus assimilés d'entre eux prennent subitement conscience du danger qui menace Tel Aviv et joignent leur voix aux sympathisants de l'État hébreu. Dans un article, Raymond Aron raconte : *« Je suis ce que l'on appelle un 'Juif assimilé'. Enfant, j'ai pleuré aux malheurs de la France à Waterloo ou à Sedan, non en écoutant le récit de la destruction du Temple. Aucun autre drapeau que le tricolore, aucun autre hymne que la Marseillaise ne mouillera jamais mes yeux. Hitler, il y a près de quarante ans maintenant, m'a révélé mon 'judaïsme'. Je me suis efforcé, vaille que vaille, de l'assumer, ce qui a voulu dire simplement ne jamais le dissimuler... »* [29].

Raymond Aron est le cas le plus exemplaire du *« saisissement »* de la conscience juive. La crise politique du mois de mai, la guerre de juin et les déclarations malheureuses de de Gaulle le poussent à prendre position. Les atrocités nazies et la collaboration du gouvernement de Vichy ont montré les limites de l'assimilation. La propagande arabe ne parle que de destruction de l'État juif et il ne faut pas une grande imagination pour entrevoir dans les événements qui se préparent au Moyen-Orient, la poursuite du génocide entrepris pendant la Deuxième Guerre mondiale. Dans ce contexte de montée des périls, dans ce *« moment de vérité »*, les Juifs, largement assimilés, se découvrent subitement, dans leur immense majorité, solidaires de l'État d'Israël. Raymond Aron écrit : « *Je souffre... non parce que nous sommes devenus des sionistes ou des Israéliens, mais parce que monte en moi, irrésistible, un sentiment de solidarité. Peu importe d'où il vient. Si les grandes puissances, selon le calcul froid de leurs intérêts, laissent détruire le petit État qui n'est pas le mien, le crime m'enlèverait la force de vivre et je crois que des millions et des millions d'hommes auraient honte de l'humanité.* » Des manifestations ont lieu dans le monde entier. Des dizaines de milliers de volontaires se pressent dans les consulats et les ambassades de l'État hébreu, au point que certains parlent « *d'hystérie pro-israélienne* ». Même en Pologne et en Hongrie, malgré les risques encourus, certains Juifs témoignent de leur attachement à Israël. Le secrétaire général du Parti communiste polonais, M. Gomulka parle d'eux comme « *d'une cinquième colonne* ».

La presse et les médias occidentaux en général penchent du côté israélien, ce dont se plaignent amèrement les responsables arabes, qui par leur outrance même, sont les meilleurs agents de la cause israélienne. Quant à la presse des pays communistes, d'Union soviétique comme de Chine populaire, voire de pays sud-méditerranéens, comme la Turquie, la Grèce et l'Espagne ou encore du monde indo-musulman, elle affiche clairement ses sympathies arabes.

France : le divorce entre le gouvernement et l'opinion publique

Les événements de juin 1967 déclenchent la plus violente querelle de politique internationale que le pays ait connue depuis la fin de la Seconde Guerre mondiale. Elle ouvre des blessures que le temps n'a pas encore totalement cicatrisées : la déportation des Juifs français, l'épopée malheureuse de Suez et la guerre d'Algérie hantent encore les mémoires.

Dans les jours qui précèdent le déclenchement des hostilités et pendant la courte guerre, des milliers de manifestants scandent des slogans « *Nasser assassin* », « *Nasser au poteau* » alors que d'autres s'en prennent à l'État juif « *Israël raciste* ». Jamais la population dans son ensemble n'a été à ce point mobilisée sur un problème de politique étrangère. Le tirage des journaux fait littéralement un saut en avant. Début juin, la circulation du *Monde* passe de 385 000 à 553 000 copies.

Le conflit israélo-arabe transcende les frontières habituelles entre les partis politiques. Le gouvernement, lui-même, vit l'affrontement israélo-arabe comme un conflit entre la justice et les intérêts de la Nation, entre la morale du droit international et la raison d'État. Cette dernière commande le soutien aux pays arabes. La position géostratégique, les réserves en hydrocarbures, les intérêts commerciaux du pays, militent tous dans le même sens : appuyer le monde arabe. Alors que le gouvernement de de Gaulle comme celui de la démocratie-chrétienne en Italie s'installent dans une bienveillante neutralité à l'égard du monde arabe, ils sont largement désavoués par leurs propres troupes et ne trouvent d'alliés que là où ils ne les attendent pas, en la personne des militants fidèles du parti communiste. Malgré la neutralité « *orientée* » de de Gaulle interprétée comme une trahison par beaucoup, le silence de l'église catholique, le pro-arabisme des communistes et quelques groupuscules d'extrême-droite, antisémites par nature, l'écrasante majorité de l'opinion publique est du côté israélien.

La droite est partagée. Les nostalgiques de l'Algérie française, pour la plupart, s'identifient à l'État hébreu. Dans le camp gaulliste, les divisions sont profondes. Le député Louis Terrenoire, deux fois ministre de la Ve République

blique, lance : « *Comment les États arabes peuvent-ils accepter Israël, État raciste fondé sur la religion juive, qui exclut toute égalité réelle entre Arabes et Juifs vivant sur son territoire ?* » [30]. Il poursuit : « *Actuellement* [après juin 1967], *les Israéliens détruisent les maisons arabes dans les territoires occupés, pour y construire des maisons pour les Juifs (...) s'ils voulaient prouver qu'ils n'ont pas de visées annexionnistes, ils n'agiraient pas ainsi* » [31]. Un autre gaulliste, le président du Sénat, Gaston Monnerville, rétorque aux accusations d'impérialisme : « *Le petit David a su que le grand Goliath qu'était le monde arabe s'apprêtait à l'écraser, alors il a pris sa fronde et l'a lancée. Seulement, sa fronde, c'était l'aviation ! (...) On lui reproche de ne pas s'être fait éliminer de la carte et on dit de lui qu'il est 'impérialiste'. Pourquoi ? Parce qu'il a été victorieux ! Je trouve que l'on est particulièrement sévère avec un État qui a défendu la vie de sa population, et moi je me refuse à appeler cela de l'impérialisme !* » [32].

Malgré sa figure charismatique, la politique du général et sa décision de décréter un embargo sur les fournitures militaires à destination d'Israël, se heurtent à l'hostilité de la majorité des sympathisants gaullistes. Parmi les ministres, seule une minorité se tient fermement derrière lui, Edgar Faure, Georges Gorse et Alain Peyrefitte. Même Messmer, le ministre de la Défense, menace à un moment de remettre sa démission. Preuve de leur inconfort, certains parmi les plus fidèles compagnons du Général se réfugient dans le mutisme comme Michel Debré et Maurice Schuman. À propos du premier, Maurice Clavel raconte : « *J'ai rencontré Debré le 7 juin, nous avons jubilé ensemble de la victoire israélienne ! Pourquoi n'a-t-il pas démissionné ? Ils ne savent pas démissionner (...) Tout cela fait partie du vertige gaulliste...* » [33].

D'autres barons du gaullisme laissent exploser leur mécontentement comme Alexandre Sanguinetti, appuyé par Lucien Neuwirth et Jean-Claude Servan-Schreiber.

La volte-face de la politique gaullienne après vingt années d'étroite collaboration avec Israël leur semble incompréhensible au moment où l'État hébreu se voit menacé de mort. De plus, il leur est moralement impossible de justifier l'embargo sur les armes à destination d'Israël, alors que l'Algérie qui mène une politique étrangère particulièrement agressive à l'égard du « *colonialisme* » reçoit du matériel français. L'ambassadeur Gilbert, anciennement en poste à Tel-Aviv, ne mâche pas ses mots à l'égard du chef de l'État : « *Un vieillard autoritaire ne dit jamais qu'il a eu tort, il s'enferme, il court après son argent, comme on dit en langage de casino, alors qu'il faut foutre le camp, quand on a la poisse...* » [34]. Décidément, la majorité de l'opinion publique aussi bien à l'intérieur qu'à l'extérieur du mouvement gaulliste n'arrive pas à emboîter la politique du gouvernement. Mais, perché sur les cimes de la diplomatie internationale, le général n'en a cure. Harold Wilson, le Premier ministre britannique de l'époque, rapporte dans son livre *The chariot of Israel*, les propos que le général de Gaulle lui tient : « *Il n'y a pas de raison pour la France, et je suggérais même pour le Royaume-Uni, de ruiner ses relations avec les Arabes, sous prétexte que l'opinion publique éprouve des 'sympathies superficielles' pour Israël, parce que c'est un petit pays avec une histoire malheureuse* » [35].

Le divorce entre l'opinion publique et le gouvernement de Charles de Gaulle est donc consommé avec l'embargo à destination de l'État hébreu. Mais ce sont les propos tenus lors de la conférence de presse du 26 novembre 1967 du chef de l'État qui vont déclencher de furieuses réactions et ulcérer la communauté juive. De Gaulle affirme : « *À la faveur de l'expédition franco-britannique de Suez, on avait vu apparaître, en effet, un État d'Israël guerrier et résolu à s'agrandir... C'est pourquoi, d'ailleurs, la Vᵉ République s'était dégagée vis-à-vis d'Israël des liens très spéciaux et très étroits que le régime précédent avait noués avec cet État.* » Comment le général de Gaulle qui a approuvé l'opération de Suez de 1956, peut-il revenir pareillement sur ses déclarations antérieures ? Lui qui avait lancé au Premier ministre israélien Lévi Eshkol en 1964, son fameux « *Israël, notre ami, notre allié* » et demeurait jusqu'à la veille de la guerre de 1967 le premier fournisseur d'armes de l'État hébreu ? Est-ce par déception de réaliser, à la lumière de la Guerre des Six Jours, que la France ne représente plus qu'une puissance intermédiaire dans les affaires internationales, laissées aux seules mains des deux supergrands ? Est-ce d'avoir frôlé la guerre nucléaire, à cause de la poudrière moyen-orientale ? Ou bien est-ce encore pour épouser sans remord la cause arabe, au nom de l'intérêt supérieur de la Nation ?

De Gaulle n'en continue pas moins dans sa conférence de presse, de s'en prendre avec véhémence à Israël et au peuple juif, ce qui va abasourdir plus d'un homme politique, même parmi ses plus fidèles partisans : « *On pouvait se demander, en effet, et on se demandait même chez beaucoup de Juifs, si l'implantation de cette communauté sur des terres qui avaient été acquises dans des conditions plus ou moins justifiables et au milieu de peuples arabes qui lui étaient foncièrement hostiles, n'allait pas entraîner d'innombrables, d'interminables frictions et conflits.* » Surprenant de Gaulle, qui après avoir porté la coopération avec Israël à son plus haut niveau, découvre soudainement, en racontant à sa manière l'histoire d'Israël, que l'acquisition du sol national s'est fait par des moyens « *plus ou moins justifiables* ». Est-ce que son rapprochement avec le monde arabe le contraint à verser subitement sans réserve dans le camp opposé ? Mais c'est la phrase suivante qui déclenche d'abord la surprise, puis la colère au sein de la communauté juive et bien au-delà : « *Certains même redoutaient que les Juifs, jusqu'alors dispersés, qui étaient restés ce qu'ils avaient été de tout temps, un peuple d'élite, sûr de lui-même et dominateur, n'en viennent, une fois qu'ils seraient rassemblés, à changer en ambition ardente et conquérante les souhaits très émouvants qu'ils formaient depuis dix-neuf siècles : l'an prochain à Jérusalem.* » Comment comprendre les motivations du général de Gaulle pour clouer au pilori un demi-million de Français juifs, sans parler des Israéliens ? Pour leur interdire toute velléité de double allégeance ? Pour vendre quelques Mirages de plus aux pays arabes ? Visait-il les États-Unis en frappant les Juifs ? Voulait-il soumettre à une nouvelle épreuve l'inconditionnalité de certains de ses fidèles qui avaient souffert sous Charles de Gaulle ? Agissait-il en descendant de Louis XIV qui ne tolérait pas les protestants ?

Ce sont les hypothèses qu'émet Raymond Aron. Après d'infinies hésitations, lui qui s'affirme totalement « *déjudaïsé* », se décide à prendre la plume dans un très long article. Devant l'émoi et le malaise provoqué par les propos de l'homme du 18 juin, il écrit : « *Le général de Gaulle qualifie le peuple juif de 'sûr de lui-même et dominateur'. Définir un peuple par deux adjectifs : un homme d'État s'abaisse lui-même lorsqu'il recourt à un pareil procédé, celui des stéréotypes nationaux, des préjugés raciaux, celui dont les habitués du Café du Commerce ne se lassent pas et dont les psychologues et psychiatres analysent infatigablement les mécanismes. Le général de Gaulle s'est abaissé parce qu'il voulait porter un coup bas : expliquer l'impérialisme israélien par la nature éternelle, l'instinct dominateur du peuple juif...* » Raymond Aron conclut d'un avertissement solennel : « *Je dirai que le général de Gaulle a, sciemment, volontairement, ouvert une nouvelle période de l'histoire juive et peut-être de l'antisémitisme. Tout redevient possible. Tout recommence. Pas question, certes, de persécution : seulement de 'malveillance'. Pas le temps du mépris : le temps du soupçon »* [36].

Malgré les tentatives d'explication auxquelles se livre Raymond Aron, la perplexité demeure face aux déclarations de de Gaulle. Si, comme le chef de l'État semble le sous-entendre, l'intérêt de la France commande effectivement de lâcher Israël, pourquoi est-il nécessaire de se livrer à pareils dérapages verbaux ? N'est-ce pas à l'encontre de la *realpolitik* que de céder à un geste d'humeur ou d'amour-propre blessé ? Harold Wilson dépeint un de Gaulle, vieillard solitaire, ignoré de tous et impotent. Ses sombres prédictions sur l'éventualité d'une guerre nucléaire ont été démenties, les Soviétiques sur qui il comptait, le snobent et la victoire-éclair des Israéliens le nargue. *« En termes de prestige, aucun pays n'a souffert de la Guerre des Six Jours plus que la France et aucun chef d'État plus que de Gaulle »* [37], observe avec acuité le Premier ministre britannique. À la faveur de la guerre du Moyen-Orient, le chef de l'État français réalise sans doute que la politique de *« splendide isolation »* dans laquelle il a mené son pays n'a pas modifié d'un iota la situation internationale. Cruellement, la guerre de juin a montré le modeste poids de la France dans la hiérarchie des nations. Cette dure réalité explique peut-être l'attitude amère d'un de Gaulle vieillissant, qui après avoir cru restaurer le prestige et la grandeur de la France, voit, au soir de son règne, ses illusions s'effondrer.

La scène intellectuelle

Parmi les intellectuels progressistes, Nasser est vu sans nul doute comme un des leaders du mouvement des non-alignés. En tant que tel, il reçoit le soutien de l'intelligentsia. Maxime Rodinson, dans un célèbre article pu-

blié dans les Temps Modernes, tente de démontrer qu'Israël est bel et bien un *« fait colonial »* qui *« s'insère parfaitement dans le grand mouvement d'expansion européo-américain des XIXe et XXe siècles pour peupler ou dominer économiquement et politiquement les autres peuples »* [38]. Mais les appels non seulement antisionistes, mais aussi antisémites qui se font entendre dans les capitales arabes dissuadent quelque peu les intellectuels de gauche de donner leur entière caution à la lutte *« anti-impérialiste »*. Jean-Paul Sartre, Claude Roy et Pablo Picasso signent un appel qui stipule en substance :
1. La sécurité et la souveraineté d'Israël, y compris la libre-circulation dans les eaux internationales sont une condition nécessaire à l'établissement de la paix.
2. Cette paix ne peut être atteinte et renforcée que par le biais de négociations directes entre des États souverains dans l'intérêt mutuel des peuples impliqués [39].

Dans le numéro spécial d'un millier de pages que consacre la revue *Les Temps Modernes* au conflit israélo-arabe, l'introduction de Jean-Paul Sartre témoigne des tiraillements et du malaise de la gauche. Écrite avant la Guerre des Six Jours, mais publiée juste après, elle montre une gauche prise sous le double feu de son combat contre l'impérialisme et du souvenir du génocide juif de la Deuxième Guerre mondiale. Le titre même de son introduction *« Pour la vérité »*, témoigne de l'attitude perplexe et prudente du philosophe. Sur le point de taxer Israël d'impérialiste, Sartre recule soudainement, comme si les certitudes idéologiques n'étaient pas clairement définissables ou applicables à ce conflit, comme si le poids de l'Histoire et la force des passions risquaient de faire dérailler l'aiguillon de la raison. Sartre ne prend donc pas parti. Figure emblématique de l'intellectuel engagé, il renâcle ici pour laisser la parole aux protagonistes, espérant tirer de leur confrontation les éléments de la vérité.

Le 27 mai 1967, moins de dix jours avant le déclenchement des hostilités, Jean-Paul Sartre écrit : « *L'histoire ne s'est pas bornée à nous faire découvrir, aux temps mêlés de la sueur et du sang, nos liens fondamentaux avec les Israélites, elle nous a, quelques années plus tard, fait prendre conscience aussi, quand le FLN luttait pour l'indépendance algérienne, de la fraternité qui nous liait aux Arabes (...) Et puis, disons-le, si le racisme nous pue au nez, les senteurs de l'impérialisme ne nous flattent pas davantage : et je ne dis point ici qu'Israël soit impérialiste ou 'la créature de l'impérialisme', très exactement je ne dis rien du tout sauf que les Arabes l'en accusent et que, dans certains cas, comme l'agression de 1956, les faits semblent leur donner raison. Ainsi, nous trouvons en nous des exigences rigoureuses et contradictoires — nos exigences : 'L'impérialisme est un tout qu'il faut combattre en tout lieu et sous toutes ses formes au Vietnam, au Venezuela, à Saint-Domingue, en Grèce et aussi dans tous ses efforts pour s'établir ou demeurer au Moyen-Orient' — 'L'idée que les Arabes détruisent l'État juif et jettent ses citoyens à la mer ne peut pas se supporter un instant, sauf si je suis raciste' — Déchirés, nous n'osons rien faire et rien dire ou, si nous tentons quelque démarche, c'est avec tant d'arrière-pensées que nous l'arrêterons trop tôt ou que nous l'accomplirons de travers...*[40] »

Le soutien populaire américain à Israël

L'opinion publique américaine se range du côté israélien. Tout, sauf les champs pétrolifères arabes, les y conduit : le fait qu'Israël comme les États-Unis est un pays pionnier, la démocratie du jeune État, la communauté juive, l'extermination des Juifs un quart de siècle plus tôt, les violentes manifestations anti-américaines dans le monde arabe militent tous en faveur d'un soutien politique à Israël. Les intérêts économiques dans le monde arabe ne font pas dans l'opinion publique jeu égal avec tous ces paramètres. Ceci dit, les Américains sont plongés dans la guerre du Vietnam et rarissimes sont ceux qui aimeraient voir les États-Unis jouer le rôle de gendarme au Moyen-Orient. De l'avis général, *« un seul conflit à la fois, cela suffit »*. Peu d'Américains rêvent que leur force navale vienne forcer le détroit de Tiran [41].

Les événements du Moyen-Orient, vus des États-Unis, sont inséparables de la guerre du Vietnam, qui bat son plein. Au sein de la classe politique, les Juifs sont perçus comme un groupe de pression qui milite pour que les États-Unis s'engagent fermement aux côtés d'Israël, alors qu'ils souhaitent le retrait du contingent américain du Vietnam. Cette politique *« de deux poids, deux mesures »* du lobby juif exaspère une partie de l'establishment politique. Le plus étonnant est que cette perception repose... sur un malentendu : comme le reste de la population, les Juifs américains sont divisés face à l'engagement américain en Asie du Sud-Est. D'après un sondage Gallup, fait en septembre 1966, 43 % des Juifs approuvent le président Johnson alors que 40 % le désapprouvent. Les protestants approuvent à 39 % et le désapprouvent à 43 %. Comme l'écrit Walter Laqueur dans *The road to war 1967*, les différences sont si faibles que l'on voit bien que les Juifs américains ont le même prisme politique que le reste de la population. Malgré le fait que beaucoup d'activistes qui exigent le retrait du corps expéditionnaire soient d'origine juive, l'immense majorité de la communauté ne réagit pas différemment du reste du pays.

Une partie de l'establishment considère donc à tort que la communauté juive pousse à l'intervention américaine au Moyen-Orient, alors qu'elle se prononcerait en faveur du retrait du Vietnam. Même les médias font le parallèle entre l'opinion supposée des Juifs sur le Vietnam et leur engagement aux côtés d'Israël. Un éditorialiste s'interroge : « *Qui d'autre à part Israël aurait pu transformer les plus pacifiques de nos colombes en bellicistes convaincus ?* » [42]. Le *Wall Street Journal* écrit le 7 juin 1967 : « *Les Juifs sont parmi les plus pacifiques en ce qui concerne la guerre du Vietnam. Les gens du gouvernement se sont malicieusement réjouis de voir comment la crise au Moyen-Orient avait calmé quelque peu le mécontentement juif* [à propos du Vietnam]. » Bien entendu, nombre d'observateurs et de supporters d'Israël font observer que le parallélisme ne peut pas aller bien loin entre un régime corrompu, soutenu à bout de bras par les Américains et le démocratique État d'Israël.

De son côté, la nouvelle gauche américaine affronte un grave dilemme. La crise du Moyen-Orient menace de la scinder en deux. Les groupes les plus radicaux considèrent l'État israélien comme une marionnette de l'impérialisme américain et ramène Lévi Eshkol à un clone du maréchal Ky. D'autres, au contraire, pointent du doigt le chauvinisme et le nationalisme de Nasser. Finalement, les leaders optent pour la solution la moins risquée : celle de conserver le profil le plus bas possible.

Dans l'ensemble, le sentiment populaire américain et les intérêts nationaux coïncident. La politique de la Maison-Blanche de soutien à Israël ne rencontrera aucune opposition notable.

La prudence britannique

À quelques différences près, les Britanniques éprouvent des sentiments comparables à ceux des États-Unis. Le support à Israël est moins fort, les relations entre le ministère des Affaires étrangères et l'État israélien n'ont jamais été très cordiales mais dans l'ensemble le pays épouse les thèses israéliennes.

La classe politique est plus partagée que le reste du pays. Le gouvernement travailliste de Wilson est divisé. Comme le Premier ministre le raconte dans ses mémoires, certains de ses plus proches conseillers ont choisi comme lui, avec modération, le camp israélien. À l'inverse, le ministre des Affaires étrangères, George Brown, est perçu comme un sympathisant de la cause arabe. La gauche du parti travailliste est ainsi divisée en deux camps de force égale. Quant aux conservateurs, ils sont traditionnellement plus proches du monde arabe. Mais là encore, certains d'entre eux voient dans la victoire israélienne, le juste châtiment infligé à Nasser qui onze ans plus tôt, avait nationalisé le canal de Suez et contraint sous la pression internationale, Anglais, Français et Israéliens au retrait. Pour d'autres, les intérêts britanniques dans le monde arabe dictent un rapprochement avec l'Égypte.

Le 31 mai, le ministre des Affaires étrangères, George Brown explique la politique britannique : « *Nous ne cherchons pas à renverser Nasser, comme des membres de l'opposition ont follement essayé de le faire* [référence à Suez]. *Mais nous ne sommes pas préparés à accepter que Nasser s'arroge le droit de renverser une autre nation du Moyen-Orient au risque de nous plonger tous dans la guerre...* » De plus, le ministre condamne le retrait trop rapide de la force des Nations unies. Les figures de proue de l'opposition conservatrice partagent l'analyse gouvernementale. Edward Heath s'inquiète des risques d'escalade du conflit : « *La situation est plus dangereuse qu'au Vietnam* », affirme-t-il. Sir Alec Douglas-Home, parlant au nom des tories, approuve lui aussi la ligne politique du gouvernement et se réfère aux précédents tragiques de Munich et de Suez : « *L'Histoire m'a enseigné que si un dictateur empoche la mise sans coup férir à sa première tentative d'intimidation, le prix sera double la fois suivante. Le Premier ministre et le ministre des Affaires étrangères peuvent donc compter sur le total support de l'opposition dans le cadre de la politique définie par le gouvernement. Je crois que c'est la bonne politique pour que nos enfants ne paient pas le prix d'une guerre totale.* »

Le Premier ministre Wilson peut se féliciter : sa politique de non-intervention fait l'objet d'un très large consensus. Certes, des députés et des ministres conservent leurs sympathies pour tel ou tel protagoniste du conflit, mais, contrairement à la France, l'expédition de Suez a enseigné au gouvernement britannique les limites de sa puissance. Londres se cantonne dans une attitude de prudence qui se double d'une politique de consultation avec son allié américain. La Guerre des Six Jours ne dégénérera pas en dispute de politique intérieure.

Le soutien des petits pays d'Europe de l'Ouest à Israël

Les opinions publiques suisse, belge, hollandaise et scandinave s'identifient au petit Israël, fort de ses trois millions de citoyens, dans un territoire deux fois plus petit que la Suisse, vingt-cinq fois moins grand que la France, assailli par une marée innombrable d'ennemis.

Ces pays démocratiques et prospères n'ont pas de grands intérêts économiques ou politiques dans le monde arabe. Le soutien à Israël étant acquis, l'essentiel de la discussion porte sur des scénarios de politique-fiction, qui s'inspirent du cas de figure israélien : en cas d'attaques ennemies, est-ce qu'un petit pays se retrouverait totalement seul ?

La mauvaise conscience allemande

La guerre qui oppose l'État juif aux Arabes a pour effet de confronter les deux Allemagnes à *« la parenthèse nazie »* de leur Histoire et à *« la solution finale »*. De la Guerre des Six Jours, les deux gouvernements font une lecture diamétralement opposée. L'Allemagne de l'Ouest soutient sans ostentation la cause israélienne, alors que l'Allemagne de l'Est verse dans un antisionisme d'une virulence rare.

La quasi-totalité des Allemands de l'Ouest expriment leur soutien à l'État hébreu. La proximité de la Deuxième Guerre mondiale et les atrocités nazies expliquent en partie ce courant de sympathie. L'antisoviétisme renforce encore ces tendances pro-israéliennes. Dans l'imagerie ouest-allemande, le Juif n'est plus perçu comme un intellectuel ou un riche marchand, mais comme un soldat d'une valeur exemplaire. Depuis 1965, Bonn entretient des relations diplomatiques avec l'État juif, ce qui a entraîné la rupture de ses relations diplomatiques avec dix pays arabes. À la suite de la guerre, la presse essentiellement syrienne s'en prend à la RFA en l'accusant de soutenir et d'encourager Israël, ce que dément le gouvernement de Bonn. En septembre, lors d'une interview donnée à un journal arabe, le chancelier Brandt affirme que le rapprochement en cours, entre le monde arabe et la RFA a été interrompu par les hostilités et réitère l'intention de son pays de ne pas s'immiscer dans le conflit du Moyen-Orient.

Si la politique de l'Allemagne de l'Ouest consiste en un soutien mesuré à l'État hébreu, il n'en va pas de même pour l'Allemagne de l'Est. Contrairement à la RFA, la RDA n'a jamais accepté une part de responsabilité dans le génocide juif. Profitant de la Guerre des Six Jours, la presse, qui est gouvernementale comme dans tous les pays communistes, attaque furieusement *« l'État fasciste »* d'Israël, comme si son but était d'éradiquer le passé nazi de l'Allemagne, en le comparant à la politique israélienne *« d'extermination systématique des Arabes »* et *« d'orgies de sang et d'atrocités »*.

Le Tiers-Monde divisé

En Afrique, malgré les pressions soviétiques et françaises, un tiers seulement des pays se rangent du côté arabe, alors que le reste du continent opte pour la neutralité ou pour le soutien à Israël. En Inde, le gouvernement se prononce en faveur des thèses arabes, malgré une opinion publique beaucoup plus mitigée. New-Delhi et Pékin se refusent plus que jamais à reconnaître l'État hébreu et condamnent sans nuance, *« l'agression »* israélienne.

Les pays d'Amérique latine se rangent du côté israélien. Le gouvernement chilien se déclare *« physiquement neutre, mais nullement indifférent »*. La presse dans son ensemble épouse les thèses de l'État hébreu, aussi bien au Brésil qu'en Argentine ou en Uruguay. Le Parlement guatémaltèque condamne le blocus du détroit de Tiran.

Seule, La Havane, poussée par la Syrie et l'Égypte, se lance dans de violentes condamnations de *« l'impérialisme israélien »*.

En conclusion

Le spectre de la guerre et de la destruction de l'État hébreu rassemble les supporters d'Israël largement au-delà du réservoir habituel de ses sympathisants. Aux yeux de l'opinion publique, rayer un État de la carte, comme le proclame la propagande arabe, est moralement inacceptable. Mais la victoire trop éclatante des forces militaires israéliennes va faire exploser l'image de l'Israélien victime d'un monde hostile, pour lui substituer la figure d'un *« être fier, dominateur et sûr de lui »*. La formule de de Gaulle résume parfaitement bien la mutation qui se produira graduellement dans l'opinion publique. L'image de la petite citadelle assiégée par des forces ennemies innombrables s'est muée en celle d'un vainqueur impitoyable, pourchassant les soldats égyptiens perdus dans le désert, poussant à l'exil des cohortes de réfugiés palestiniens. David a changé de camp : il n'est plus le Juif assiégé de toute part par un monde arabe haineux, il a pris la figure du Palestinien, victime de l'expansionnisme de l'État hébreu. La Guerre des Six Jours, après avoir marqué le sommet de la sympathie à Israël, va voir progressivement ce capital s'effriter. Ce nouveau conflit montre aussi que le soutien de l'opinion publique à l'État hébreu n'a eu aucun impact sur la politique des gouvernements. Sous la pression de la rue, pas un seul pays n'a dévié, ne fût-ce que d'un pouce, la ligne de sa politique.

L'ÉBRANLEMENT DU MONDE ARABE

Le sommet de Khartoum

Après le choc de la défaite, c'est l'ébranlement des régimes vaincus : Nasser n'est plus l'homme du putsch du 23 juillet 1952, mais un être brisé et méfiant. Le régime syrien est profondément affaibli, quant au roi Hussein, il fait part de ses doutes sur la viabilité de son État, amputé d'une partie de son royaume. Maintenant que Nasser a mis genoux à terre, c'est l'occasion rêvée de redistribuer les cartes du monde arabe. En privé, la majorité des leaders arabes se félicitent de la *« leçon »* israélienne infligée à l'Égypte. Le Roi du Maroc, raconte-t-on, sable au champagne la défaite cinglante de l'armée du raïs. L'heure est aussi au soulagement dans la monarchie saoudienne. Nasser était leur cauchemar permanent, sa radio prêchait la révolte des masses arabes et son corps expéditionnaire au Yémen représentait une menace constante pour la monarchie. Certes, Israël reste toujours l'ennemi, mais il a l'incomparable avantage de ne présenter aucun danger direct pour ces régimes.

Avant la crise politique de mai 1967, le monde arabe offre l'image même de la division : l'affrontement Est-Ouest s'étend à la région, opposant le camp « *progressiste* » aux conservateurs. Les premiers, composés de l'Égypte, de la Syrie, de l'Algérie, de la République du Yémen et avec des nuances, de l'Irak, se heurtent « *aux régimes réactionnaires* » de Jordanie, d'Arabie Saoudite, de Tunisie et des royalistes yéménites. Les révolutionnaires perçoivent l'ennemi sous la triple forme de la réaction arabe, de l'impérialisme et du sionisme. La virulence des propos de Nasser restitue le climat de l'époque : « *L'impérialisme est la force derrière Bourguiba, Faysal, Hussein, le Shah d'Iran et ceux qui gouvernent les Émirats arabes. L'impérialisme, le sionisme et la réaction arabe ne sont que des noms différents pour exprimer la même chose (...) aucun d'eux ne peut exister sans ses deux autres alliés* » [43]. À la fin 1966, l'Égypte et la Syrie tentent de déstabiliser par des actions subversives la Jordanie et l'Arabie Saoudite, toutes deux « *agents de la réaction* ». Il s'agit pour la propagande du Caire de « *purger la terre arabe des forces qui coopèrent avec l'impérialisme et donc directement ou indirectement, avec le sionisme* ». Jusqu'au mois de mai 1967, le conflit enfle, jusqu'à devenir strident. La Tunisie se retire de la Ligue arabe. L'Arabie Saoudite dénonce aux Nations unies les raids aériens de l'aviation égyptienne sur son territoire, de même que l'utilisation de gaz de combat par les Égyptiens au Yémen. Le mythe de l'unité arabe éclate au grand jour, étalant ses incessantes querelles.

Il aura fallu la crise du mois de mai et le pacte de défense entre la Jordanie et l'Égypte du 30 mai, auquel se joindra l'Irak, le 4 juin, et enfin la défaite pour resserrer provisoirement les rangs. Pendant les hostilités, seuls la Syrie et l'Algérie ne se résolvent pas à mettre fin au conflit entre *« révolutionnaires »* et *« réactionnaires »* qui déchire le camp arabe. Survient la défaite. Elle s'avère être un fantastique instrument de restructuration des rapports de force au sein du monde arabe : la débâcle égyptienne et syrienne affaiblit sensiblement le camp *« progressiste »*. À l'opposé, exception faite de la Jordanie, les conservateurs n'ont pas souffert de la déroute. Campant sur un solide matelas de pétro-dollars, ils ont désormais le vent en poupe. Nasser ne s'y trompe pas : il a vu le trésor égyptien fondre pendant la guerre et sait qu'il a besoin de leur aide. Il monnaie donc le retrait de son corps expéditionnaire du Yémen, pour recevoir en échange le soutien financier des monarchies pétrolières. Le raïs trouve de nouveaux accents pour parler *« des régimes réactionnaires »* : *« Nous ne voulons pas changer le système social dans aucun pays arabe,* affirme-t-il. *La bataille demande la mobilisation de chaque fusil arabe, de chaque piastre arabe, (...) Nous ne demandons pas à quiconque de donner plus qu'il ne peut, mais nous n'accepterons pas moins qu'il n'est capable de donner »* [44]. Les conservateurs qui tiennent le cordon de la bourse, font taire les affrontements idéologiques. Le conflit contre Israël revient au premier rang des préoccupations. Mais les différentes approches ne sont pas gommées pour autant. Entre le 11 juin et le sommet de Khartoum qui débute le 29 août, l'unité du monde arabe est, encore une fois, un vain mot. Les répercussions spécifiques de la défaite sur chaque État, ajoutées au désarroi général, font que les gouvernements arabes mènent la bataille diplomatique en ordre dispersé. De l'intransigeance la plus extrême jusqu'aux amorces de reconnaissance de l'État hébreu, tout le spectre des positions politiques est représenté. Certains chefs d'État préconisent la guerre économique qui cassera les reins des États impérialistes, d'autres prêchent la guerre populaire de libération, d'autres encore ne voient d'issue que dans une solution négociée avec l'appui des Américains. Si Nasser modère ses propos, les Palestiniens tentent, eux, de se libérer de la pesante tutelle des gouvernements arabes sur leurs organisations. À tous les égards, la défaite agit comme un ferment libérateur de forces trop longtemps contenues.

Guérilla ou négociations indirectes : le triomphe de ni guerre ni paix

De la défaite de juin jusqu'à Khartoum, les pays de la ligne de front s'activent à reconstituer leur potentiel militaire. Officiellement, leur objectif est de se tenir prêts à entamer *« le quatrième round »* de la confrontation armée avec Israël. La guérilla palestinienne est discutée comme alternative à la guerre classique. L'Algérie qui a conquis de haute lutte son indépendance, cinq ans auparavant, de même que la Syrie, en sont de fervents partisans. La résistance vietcong face aux Américains apparaît comme un modèle aux yeux des forces *« progressistes »* du monde arabe, qui y voient le chemin à suivre dans la guerre contre Israël. Mais l'Égypte et la Jordanie y sont opposées, du moins dans un premier temps. Elles allèguent pêle-mêle, le manque d'efficacité des feddayin, les risques de représailles israéliennes et leurs conséquences sur la population *« otage »* de Cisjordanie.

Heykal constate que *« l'action des commandos ne poussera pas Israël hors de la Cisjordanie, des hauteurs ou du désert du Sinaï »*. Toutefois, il ajoute : *« L'action doit être maintenue afin qu'Israël soit constamment sous pression. »* Le Premier ministre jordanien Juma constate dans le même sens : *« Quels résultats peut-on escompter de la guerre populaire de libération face à une flotte aérienne ? C'est seulement à travers l'unité, la force militaire et une technologie avancée que nous pouvons espérer atteindre nos objectifs.* »

Plus vraisemblablement, les motivations pour rejeter la guérilla palestinienne sont autres. Nasser est foncièrement rétif à l'idée d'un peuple en armes, qu'il ne pourrait plus maîtriser. Déjà, il a dû batailler ferme pour ramener le calme parmi ses troupes au Yémen et il vient de mater des membres de son état-major qui conspiraient contre lui. De plus, son intérêt national lui commande de tout faire pour récupérer les territoires perdus lors de la guerre et non de se lancer à corps perdu dans le combat que mènent les Palestiniens. La Jordanie se trouve dans une position encore infiniment plus délicate que le raïs : dans l'éventualité d'un retrait israélien, la monarchie craint de se voir dessaisir de la rive ouest du Jourdain au profit d'un éventuel État palestinien. D'autant que son régime est profondément secoué, la légitimité de la monarchie est sujette à discussion parmi la population d'origine palestinienne et le spectre d'un État dans l'État, d'un noyau dur palestinien dans le royaume hachémite, hante le souverain. Hussein ne veut donc pas donner les moyens aux organisations palestiniennes de s'autonomiser et de défendre, les armes à la main, leurs droits nationaux.

Depuis 1965, un seul chef d'État arabe, le président tunisien Habib Bourguiba, s'est clairement prononcé pour des négociations directes avec Israël. Il est favorable aux résolutions de 1947 des Nations unies et pense que si les Arabes les avaient acceptées à l'époque, leur situation serait bien meilleure aujourd'hui. La défaite de juin le conforte dans sa vision *realpolitik*. À trois reprises, les Arabes ont été battus par Israël. Ils n'ont pas les moyens de se défaire militairement de l'État hébreu. La meilleure méthode pour défendre leurs intérêts, assuret-il, consiste à prendre « *les réalités en compte, afin de les changer en différentes réalités qui seraient plus proches de la justice* ». Au lieu de se lancer dans une politique aventuriste et contre-productive, les Arabes auraient dû adopter une politique de long terme faite de pressions et de concessions afin d'amener l'ennemi à lâcher du lest.

Sans doute, le roi Hussein de Jordanie fait-il une analyse peu ou prou similaire. Mais sa marge de manœuvre est singulièrement restreinte : reconnaître l'État hébreu signifie pour lui un arrêt de mort. La population de son royaume est majoritairement composée de Palestiniens, et ils ne pourront jamais admettre de pactiser avec le diable, même en échange des territoires. De plus, le temps presse : l'arrivée de 125 000 réfugiés palestiniens supplémentaires en juin a fragilisé encore davantage le régime. Hussein veut trouver d'urgence une solution. Comme il le dit crûment dans une tournée des capitales arabes pendant le mois d'août : si la Syrie ou l'Égypte peuvent être dédommagées financièrement pour leurs pertes territoriales du Sinaï, de Gaza et du Golan, il n'en va pas de même pour la Jordanie. « *La perte de la Cisjordanie*, observe-t-il, *met l'existence même de la Jordanie en tant qu'État en péril* » [45]. C'est pourquoi, Hussein, qui n'est pas en mesure de jouer cavalier seul, tant pour des raisons de politique intérieure qu'extérieure, propose un plan à ses alliés arabes : grâce à des pressions américaines sur Israël, sans négociation directe avec l'ennemi, les territoires perdus pendant le mois de juin seront récupérables. Les pays arabes, pense-t-il, peuvent offrir en échange à Israël, la fin de l'état de belligérance et la démilitarisation de Gaza. L'État hébreu accorderait lui, un droit de passage entre Gaza et la Cisjordanie et le retour des réfugiés palestiniens sur la rive ouest, avec l'aide économique des États-Unis. Mais sa proposition n'ira jamais très loin : son plan n'est pas encore discuté que déjà les décisions de Khartoum le rendent caduc.

L'option politique, pour la première fois depuis l'existence d'Israël, est donc envisagée. Certes, il n'est toujours pas question de reconnaissance de l'État hébreu, mais d'une paix froide ou plus précisément d'un état de non-belligérance. L'Égypte aussi évolue. Et c'est la pièce centrale du monde arabe, sans laquelle celui-ci n'est qu'un nain politique sur la scène internationale. Si la Syrie a les capacités de bloquer un processus de paix, l'Égypte, quant à elle, peut écarter le spectre de la confrontation armée avec Israël. Nasser sera-t-il donc le chantre de la paix, après avoir été le chef de guerre du monde arabe ? Il n'est pas hostile à la politique de Hussein et soutient le souverain du bout des lèvres quand celui-ci explore les voies d'un règlement négocié, via les chancelleries occidentales. Il défend avec les modérés du camp arabe, *« la guerre politique »*, pour utiliser un euphémisme en vogue à l'époque, et espère que les États-Unis feront pression sur Israël.

La défaite de juin fait prendre conscience au raïs, du *« fait israélien »*. Insensiblement, il évolue à pas comptés vers une solution négociée. Mais sa position est terriblement ambiguë : la défaite a mis un bémol à ses ambitions panarabistes. Avant toute chose, il veut recouvrer le territoire égyptien tombé aux mains de l'ennemi. Pour cela, il souhaite une paix *« dans l'honneur et la dignité »*, tout en gardant dans sa manche, jusqu'au dernier moment, son seul et unique atout : la reconnaissance *de jure* de l'État d'Israël. Sans quoi, selon lui, cette *« ouverture »* à l'ennemi prendrait la forme d'une capitulation pure et simple. Ces *« avancées »* laissent les Israéliens de marbre. Leurs revendications les plus minimales ne sont pas remplies et sans doute perçoivent-ils avec peine l'ampleur des changements en train de s'accomplir dans la politique égyptienne, même si Nasser en vient à considérer l'action politique, — qu'il rejetait jusque-là —, comme l'un des instruments lui permettant d'atteindre son but : *« Nous n'avons pas fermé la porte à des discussions politiques (...) Plusieurs moyens doivent être simultanément utilisés : des moyens politiques, économiques, diplomatiques et militaires »* [46].

Nasser est-il sincère ? Ou fait-il preuve de démagogie à l'usage de la communauté internationale, voire de pures considérations tactiques, le temps de reconstituer son potentiel militaire ? Difficile à dire. Il semble suivre deux politiques simultanément, tout en se refusant à les mener jusqu'au bout. Cette ambiguïté est-elle inscrite dans le caractère de Nasser ? Autrement dit, cette politique qui s'exprime par le slogan de *« ni guerre, ni paix »*, résulte-t-elle de pures considérations psychologiques ? Jean Lacouture dans sa biographie du leader égyptien observe : *« Le système intellectuel de Nasser est une superbe mécanique branchée sur une absence : l'incapacité de distinguer le vrai du faux. Ce grand politique, qui confondit tant d'adversaires et survécut aux pires désastres, souffrait d'un mal indicible, à demi folklorique, à demi caractériel : l'extrême difficulté à distinguer en ses propres paroles comme en celles des autres, et jusqu'au fait, le réel et l'imaginaire. On l'a saisi sur le vif dans la conversation téléphonique du 6 juin avec le roi Hussein. Il 'imagine' d'abord que l'on pourrait mettre le désastre sur le compte des Anglo-Américains (...) pour y croire quelques secondes plus tard et s'en indigner »* [47].

Les Israéliens ont-ils donc à faire face à un leader dont la vision est obscurcie par la confusion qui règne dans son esprit ? Ou plutôt, se trouvent-ils face à un homme qui sait combien les *« faits sont têtus »* et demeure pourtant incapable de s'y résigner ? Sans doute, est-ce cette dernière hypothèse qu'il faut retenir. Depuis la défaite de juin, Nasser privilégie l'action diplomatique, sans pour autant se donner les moyens de ses ambitions.

Jamais, il ne se résoudra à franchir le Rubicon, même si ses interlocuteurs disent de lui qu'il en a parcouru intellectuellement le chemin. À sa décharge, le clan des durs du monde arabe n'attend que pareille occasion pour le traîner dans la boue. Les Palestiniens le voueraient aux pires gémonies, lui, *« le traître de la cause sacrée du monde arabe* [la Palestine] », et les unités combattantes de l'armée égyptienne qui ne rêvent que de revanche, ne comprendraient pas comment leur leader ait pactisé avec l'ennemi. Son peuple lui-même le suivrait-il ?

L'arme du pétrole

Lors de la Guerre des Six Jours, la politique des pays exportateurs de pétrole est ambiguë. L'Arabie Saoudite suspend ses exportations d'or noir le 7 juin, mais les reprend une semaine plus tard. Toutefois, les États-Unis et l'Angleterre restent touchés par le boycott. Le Koweit s'aligne sur la politique saoudienne avec un jour de retard. Le 15 juin, l'Irak décide, lui aussi, de suspendre l'embargo, sauf à destination des pays *« impérialistes agressifs »*. Le 5 juillet, c'est au tour de la Libye de reprendre ses exportations, car dit-elle, des pays arabes ont profité de la guerre économique pour s'emparer de ses marchés.

Alors que la cessation des livraisons d'hydro-carbures pendant les hostilités résulte avant toute chose d'un état de crise, nombreux sont les Arabes dans les mois qui précèdent la conférence de Khartoum, qui croient trouver dans l'arme du pétrole, la réponse au conflit qui les oppose à Israël. Ramené à l'essentiel, leur raisonnement est le suivant : Israël est un fait colonial. Sans ses protecteurs « *impérialistes* », l'État sioniste ne peut survivre longtemps. Or, avec le pétrole, se disent-ils, nous tenons l'arme décisive, celle qui fera plier les forces impérialistes et brisera Israël. Dans un article intitulé, « *Notre pétrole mettra l'impérialisme à genoux* », Abdallah Tariqui, ancien ministre saoudien du pétrole, propose la nationalisation de l'industrie pétrolière de tous les États arabes. Il suffit même, constate-t-il, d'un embargo prolongé d'un an ou deux, pour briser les reins de l'économie impérialiste. Dans le même sens, le parti Baas affirme le 14 juin, que l'arme pétrolière mettrait les pays qui soutiennent Israël « *dans un état de confusion et paralyserait leur économie et leur armée* ». Pour les Algériens aussi, l'arme du pétrole c'est l'arme de la juste vengeance, qui enfin lavera les effets de la défaite.

Alors que les exportations de l'or noir reprennent dans le monde arabe, l'Irak durcit soudainement le ton : un mois avant le sommet décisif de Khartoum, entre le 1er et le 5 août, il propose de lancer ni plus ni moins une véritable guerre économique contre l'impérialisme. Les diplomates de Bagdad expliquent leur plan aux ministres des Affaires étrangères des pays arabes : il s'agit de stopper pendant trois mois le pompage du pétrole, puis de n'en exporter que vers les pays qui ne soutiennent pas Israël. En sus, les Irakiens proposent de continuer à fermer le canal de Suez, de retirer les fonds arabes des banques américaines et anglaises, de décréter un embargo commercial à destination de ces deux pays, d'en nationaliser les avoirs et enfin, d'augmenter le potentiel défensif arabe.

Du 15 au 20 août, ces propositions « *offensives* » irakiennes sont discutées à la conférence de Bagdad qui réunit les ministres des Finances, de l'Économie et du Pétrole. Suivant un scénario désormais connu, deux camps s'affrontent : l'Algérie et la Syrie soutiennent le plan irakien, la RAU penche avec des réserves pour l'acceptation, alors que l'Arabie Saoudite, le Koweit, la Libye, la Jordanie, le Maroc et la Tunisie s'y opposent fermement. La délégation libanaise a reçu instruction de ne rien faire qui puisse porter atteinte à son économie. L'Arabie Saoudite et le Koweit bloquent toutes les résolutions concernant un embargo ou le retrait de l'argent entreposé dans les banques occidentales.

Sous couvert de lutte contre le sionisme, les pays « *progressistes* » tentent d'affaiblir les régimes d'Arabie Saoudite, du Koweit, des Émirats et de la Libye, tous exportateurs de pétrole, dirigés par des gouvernements conservateurs. Un embargo aurait pour effet de couper l'arrivée des pétrodollars et d'asphyxier à terme les économies des producteurs d'hydrocarbure. Dans le camp « *progressiste* », seuls l'Irak et l'Algérie sont exportateurs d'or noir, mais leur position est particulière. Bagdad dépend pour son exportation du bon vouloir d'un pays « *dur* », la Syrie, par lequel transite son pétrole. Quant à l'Algérie, elle peut jouer en toute tranquillité la surenchère anti-impérialiste : la majeure partie de sa production prend la direction de la France, qui n'est pas sujette à l'embargo. Bien entendu, les propositions irakiennes se heurtent à un « *non* » catégorique des conservateurs. Khartoum, de manière plus feutrée, révélera ces mêmes oppositions. L'utilisation de l'arme pétrolière est le cas le plus flagrant de cette ambiguïté dans le combat contre Israël. Dans ce cadre des rivalités interarabes, l'État hébreu est parfaitement « *instrumentalisé* ». C'est l'ennemi commun à abattre. L'effet centripète joue pleinement. La Palestine est la cause sacrée du monde arabe, non seulement parce que le nationalisme juif heurte de plein fouet le nationalisme arabe, mais surtout parce que le rejet que suscite le sionisme est le ciment même du monde arabe divisé dans son idéologie, ses intérêts, ses alliances...

La conférence de Khartoum

C'est dans ce contexte que le sommet de Khartoum prend place du 29 août au 1er septembre 1967. Il marque une étape essentielle dans l'évolution politique du monde arabe face à Israël. C'est la première déclaration de poids de l'après-guerre. En apparence, elle consacre la victoire de l'intransigeance : les célèbres « *trois NON* » de Khartoum (non à la paix, non à la négociation et non à la reconnaissance d'Israël) sonnent haut et fort. Pourtant, derrière ce maximalisme qui permet une unité de façade, se joue une partie serrée où, malgré les apparences, les modérés auront de façon provisoire et limitée, le champ libre pour explorer l'option politique.

Nasser qui s'adresse à ses pairs arabes, le premier jour de la conférence, tire la leçon des événements de ces derniers mois. Il reconnaît avoir commis bien des erreurs. Mais, constate-t-il, l'heure du choix a maintenant sonné : « *Le monde arabe est à la croisée des chemins. Il doit choisir entre la reddition ou la résistance.* » Nasser poursuit : « *Nous n'avons pas d'autre alternative que de choisir la résistance, parce qu'elle mène à la vie (...) Nous avons rejeté toutes les solutions qui ont été proposées parce qu'elles signifiaient reddition (...) Voulions-nous nous rendre et abandonner nos principes, nous en aurions bénéficié grandement et nous aurions reçu tous les prêts que nous aurions demandés, (...) mais nous ne l'avons pas fait et nous ne le ferons jamais* » [48]. Le raïs constate que les pertes infligées à l'Égypte ne permettent pas d'envisager un nouvel affrontement généralisé avec Israël dans le court terme. Les forces armées doivent être reconstituées afin de permettre une solution politique. La Conférence, affirme-t-il, doit examiner la contribution de chaque pays du monde arabe à l'effort général, que ce soit politiquement, militairement ou économiquement. « *Si le Sommet n'arrive pas à un accord,* prévient lourdement Nasser, *cela signifierait la fin de la nation arabe et de son histoire.* »

Sur le plan des réalisations, Khartoum sonne formellement le glas de la guerre économique. Le 31 août, un comité économique discute des propositions émises lors de la conférence de Bagdad. La majorité des participants décident de lever l'embargo pétrolier, qui, de toute manière, n'est plus guère effectif. Les pays producteurs de pétrole versent leur obole à la guerre contre Israël, en compensant financièrement les pays touchés par la débâcle militaire. Nasser n'est pas mécontent du résultat : ses caisses étaient vides et voilà que l'Arabie Saoudite, le Koweit et la Libye acceptent de les remplir, sans qu'il soit lié par un accord politique contraignant. L'Égypte recevra un paiement annuel total de 95 millions de livres britanniques et la Jordanie 40 millions.

Sur le fond, le sommet marque le triomphe de la modération et... de l'intransigeance. Le point 3 de la résolution finale, affirme : « *Les rois et chefs d'État sont d'accord pour unifier leurs efforts sur le* ***plan politique international et diplomatique*** *afin d'effacer les traces de l'agression et d'obtenir le retrait des troupes israéliennes des territoires arabes occupés après le 5 juin.* » Khartoum consacre donc la victoire des modérés sur le point décisif de la résolution. Le président Boumedienne qui n'a pas fait le voyage, peste depuis la capitale algérienne contre cette modération : « *Des causes justes ne peuvent pas être gagnées par des incantations* », lance-t-il à Radio-Alger le 30 août, avant de poursuivre, « *la politique n'expulsera pas l'ennemi des territoires occupés.* » Mais si la marque des modérés est imprimée en filigrane dans la résolution finale, celle des durs ne l'est pas moins. Le point 3 de la résolution continue ainsi : « *Cette double action* [effacer les traces de l'agression et le retrait israélien] *sera entreprise sur la base des principes recon-*

nus par tous les États arabes et qui sont: ***'La non-reconnaissance d'Israël, le refus de la reconnaissance de cet État et de la négociation avec lui et la réaffirmation des droits du peuple palestinien sur son pays.'*** »

La grande majorité des observateurs étrangers mettent l'accent sur l'immobilisme de la politique arabe, campant sur son éternel refus d'Israël. Ils retiennent de Khartoum, les trois célèbres *« NON »*, qui claquent haut et fort : non à la paix, non à la négociation et non à la reconnaissance d'Israël. Quelques observateurs au regard aiguisé par l'état d'esprit qui règne dans la capitale soudanaise, décèlent toutefois l'amorce du changement qui s'accomplit dans le monde arabe. Eric Rouleau dans *Le Monde*, constate que la résolution adoptée *« écarte certes 'la réconciliation' (al Solh), mais nullement 'la paix' (al Salam) dans la phase actuelle, celle qui consiste à 'effacer les traces de l'agression.' Elle permet donc d'offrir à Israël, la fin de l'état de belligérance, la sécurité et la reconnaissance de facto de ses frontières (d'avant le 5 juin) en échange de l'évacuation des territoires occupés. »*

Khartoum marque donc le triomphe des durs et des modérés. Certains n'y voient qu'un appel à la destruction d'Israël, d'autres y décèlent en germe, sa reconnaissance. Khartoum représente un chef d'œuvre de la diplomatie moyen-orientale qui concilie l'inconciliable, réunissant dans le point 3 de la résolution finale, les tendances les plus antagonistes. Faut-il voir en Khartoum le début d'un processus difficile, cahotant, incertain avec ses reculs, mais qui culminera dix ans plus tard, par la reconnaissance d'Israël par l'Égypte ? Le point reste difficile à trancher. Reste que sur le fond, Khartoum engage le Proche-Orient dans l'impasse la plus totale. En représentant à la fois les deux pôles d'une équation, le sommet ne pouvait que mener à l'impasse, d'autant que le problème palestinien paraît toujours aussi insoluble. La

Conférence apparaît comme n'étant qu'une étape du conflit israélo-arabe, mais une étape essentielle.

Par ailleurs, Khartoum marque clairement, un changement dans le rapport des forces au sein du monde arabe. Le sommet consacre la montée en puissance des modérés, représentés par l'Arabie Saoudite, les monarchies pétrolières, le Maroc, la Tunisie face aux durs que sont la Syrie, l'OLP, l'Algérie et l'Irak, le futur *« front du refus »*. C'est lors de cette Conférence que Nasser abandonne l'élan panarabiste et révolutionnaire qu'il symbolisait jusque-là, pour pactiser avec ses ennemis d'hier, Arabie Saoudite en tête. L'arme pétrolière fonctionne, non comme une arme pour éduquer *« les pays impérialistes »*, mais plutôt comme un système de sécurité sociale, dont Nasser sera le bénéficiaire, après s'être acheté une conduite au Yémen et ailleurs. Quant à la Syrie, elle boycotte le sommet. Imprégné de gauchisme, le gouvernement vilipende les régimes petits-bourgeois, responsables selon lui de la défaite.

La politique de Khartoum

En cet été 67, les Arabes sont-ils prêts à faire prévaloir *« la loi des faits sur la magie des mots ? »* À cette interrogation que pose Jean Lacouture, la réponse est non. Un non, certes nuancé puisque la Jordanie et l'Égypte ont pris conscience du fait israélien et se résolvent à choisir la voie de la négociation, dans des limites encore bien étroites. Pour Hussein et le prince-héritier Hassan, Khartoum représente *« un fantastique tournant »*. Le réalisme politique l'a emporté sur la démagogie et l'aventurisme. Le point 3 de la résolution de Khartoum permet d'entreprendre n'importe quelle initiative politique ou diplomatique sans encourir la vindicte des durs du monde arabe, encore que ni l'Algérie, ni l'Organisation de Libération de la Palestine n'y ont souscrit. Mais ces tentatives sont circonscrites dans le cercle tellement étroit des trois *« NON »*, que l'on voit mal une initiative diplomatique déboucher sur des résultats concrets.

L'option politique va donc prévaloir dans le monde arabe. Juste le temps de faire preuve de son inefficacité. Ceux qui entretiennent de bonnes relations avec les pays occidentaux ont pour charge de porter le *« message de Khartoum »*. On propose au roi Faysal de visiter Washington, Londres et Paris. Le Libanais, Charles Helou, irait en Italie, en France et en Amérique latine, quant au roi Hussein, il entamerait une tournée d'explication de la politique arabe dans les capitales occidentales. Les modérés pensent que seules des pressions américaines permettraient un retrait rapide des Israéliens des territoires occupés. Nasser qui soutient cette ligne, mais tient Johnson pour coresponsable de la guerre, laisse le soin à la Jordanie ou à l'Union soviétique d'approcher la Maison-Blanche.

Selon les sources occidentales, Nasser est bel et bien prêt à négocier avec Israël. Il a préparé, semble-t-il, une proposition de règlement avec l'ennemi qui exclut toute négociation directe. L'humiliation de la défaite est trop forte, une reconnaissance de jure d'Israël est encore inconcevable.

Voici les grandes articulations du plan de Nasser :

1. Excepté quelques points de rectifications mineures du tracé de la frontière pour des raisons de sécurité d'Israël, tous les territoires occupés sont évacués.
2. L'avenir de Gaza reste ouvert à la négociation.
3. Le Sinaï et d'autres zones stratégiques sont démilitarisés sous la surveillance des Nations unies.
4. Le détroit de Tiran est ouvert à la navigation des cargos israéliens, y compris dans le canal de Suez.

5. Israël a accès aux lieux saints de Jérusalem.
6. L'état de belligérance prend fin.

Le gouvernement égyptien n'a jamais confirmé l'existence d'un tel plan. Toutefois le porte-parole du gouvernement, Zayyat affirme le 6 novembre : « *Nous savons qu'Israël existe, nous avons signé un papier (GAA 1949), nous ne signons pas avec des ombres...* » Néanmoins, Zayyat prend la précaution d'ajouter... que sa déclaration n'est pas une reconnaissance d'Israël.

De façon symétrique, le roi Hussein reconnaît que lors d'une rencontre avec Nasser le 30 septembre, tous deux ont accepté — non officiellement — le principe de reconnaître le droit à tous les États du Moyen-Orient à vivre en paix et en sécurité, de mettre fin à l'état de belligérance avec Israël et d'ouvrir les voies d'eau internationales à tous les pays. En échange, les deux leaders attendent qu'Israël se retire sur ses frontières du 5 juin et que les réfugiés puissent choisir entre le retour en Cisjordanie et une indemnisation financière [49].

Assistons-nous à un tournant dans le conflit israélo-arabe ? Vivons-nous ce que l'historien Gershom Scholem a appelé « *une heure plastique* », ce moment où s'ouvrent subitement de nouvelles possibilités ? Là encore, le diagnostic est difficile à poser. La situation est fluide et le jeu des rapports de force est particulièrement subtil dans le monde arabe. Hussein est « *mûr* » pour une négociation directe et, depuis la défaite, il cherche à nouer des contacts discrets avec le gouvernement israélien. Mais sa position est trop fragile pour qu'il s'engage seul dans un processus de paix. Nasser ne se résout pas non plus à conclure une paix séparée avec Israël. Ce serait la brisure définitive de ses rêves, la fin de ses ambitions panarabes, le souvenir d'une Égypte qui regarde au-delà du delta nilotique.

La solution politique : un mouvement tactique

Dans les semaines qui suivent Khartoum, tous les pays excepté l'Algérie et la Syrie, considèrent que l'option militaire est à considérer seulement si *« l'option politique »* échoue. Mais à mesure que les jours passent, il devient de plus en plus clair que celle-ci ne mène qu'à une impasse. Pour les Israéliens, encore ivres de leur victoire, les maigres concessions arabes ne remplissent de loin pas les conditions minimales nécessaires pour se retirer des territoires conquis. Sans la reconnaissance formelle de leur État, ils ne céderont pas un pouce. Quant aux gouvernements arabes, ils peuvent difficilement aller plus loin dans la voie des concessions, après avoir martelé pendant des décennies à leur population que jamais ils ne reconnaîtront l'ennemi sioniste. De surcroît, ils refusent d'ouvrir des négociations sous la contrainte et exigent comme préalable à toute discussion le retour aux frontières de 1967. Le blocage de la situation diplomatique est donc total.

Dans ce contexte où chaque protagoniste campe solidement sur ses positions, une fraction de l'opinion arabe craint que l'état de non-belligérance amène à une reconnaissance d'Israël. Le ministre jordanien de l'Information, Salah Abu Zayd dans une interview publiée dans *Le Monde* du 20 septembre, les rassure. La fin de l'état de guerre ne vaut, dit-il, que pour la première phase de la lutte contre Israël. Heykal prend moins de gants : « *Le recul* [la défaite de juin] *a rendu inévitable que la lutte arabe se déroule en deux étapes qui ne peuvent être fondues en une seule. Il faut d'abord éliminer les effets de l'agression du 5 juin et ensuite, revenir à la cause première du monde arabe, la Palestine. L'action politique ne sera utilisée que dans la première étape* »[50].

Ces déclarations confortent les Israéliens dans l'idée que le monde arabe n'a pas évolué d'un iota à son égard.

Dès la mi-novembre 1967, les Égyptiens durcissent le ton. Ils ont le sentiment que leurs forces armées se sont remises du choc d'il y a cinq mois et qu'ils peuvent abandonner l'option diplomatique. Pour la première fois depuis Khartoum, des porte-parole commencent à reconsidérer le besoin *« d'une solution militaire »* pour recouvrer les territoires perdus. Des commentateurs expliquent que le principe d'une solution politique n'était accepté que pour des raisons tactiques : *« De juin à novembre, la République arabe unie est demeurée silencieuse. Quand les positions défensives ont été reconstituées, la RAU a affirmé que le principe d'une solution politique était exclu. »* Heykal affirme que cette période de répit a été parfaitement mise à profit : elle a renforcé la solidarité arabe, elle a permis de se rétablir du choc de la défaite, d'influencer l'opinion mondiale et de montrer l'hostilité des États-Unis. La guerre n'est plus loin : Heykal écrit dans le *El Ahram* que *« vraisemblablement, nous allons affronter une guerre longue et difficile. C'est une décision que nous devons annoncer sans peur au monde entier, aussi longtemps qu'une portion de notre territoire demeure prisonnière de l'occupation ennemie. Conclure la paix équivaudrait à une reddition. »*

Pourtant cette politique d'extrême fermeté se trouve infirmée par l'acceptation de l'Égypte et de la Jordanie, mais non de la Syrie, de la résolution 242 des Nations unies du 22 novembre 1967 qui vide de sa substance le triple refus de Khartoum. Le texte stipule essentiellement : (a) le retrait d'Israël de/des territoires occupés ; (b) la fin de tout état de guerre et la reconnaissance de la souveraineté, de l'indépendance politique de chaque État de la région et de leur droit à vivre en paix à l'intérieur de frontières sûres et reconnues à l'abri de menaces ou d'actes de force ; (c) de garantir la liberté de navigation sur les voies d'eau internationales ; (d) de réaliser un juste règlement du problème des réfugiés.

Nasser et Hussein adhèrent à la résolution des Nations unies, qui leur offre le retour à l'intégralité de leur sol sans avoir à reconnaître *de jure* l'Etat hébreu. Mais le texte, savamment dosé, comporte une insuffisance et une ambiguïté volontaires, qui, si elles permettent d'emporter l'adhésion de la plupart des protagonistes, minent profondément son application. La question palestinienne n'est pas un « *problème de réfugiés* » comme l'indique la résolution 242, mais un peuple qui réclame son indépendance. Quant à l'ambiguïté, elle repose sur la version anglaise de la résolution qui parle, **non pas de l'évacuation *des* territoires, ce qui supposerait de l'ensemble des territoires conquis, mais de l'évacuation « *de territoires occupés* »** (*withdrawal of Israel armed forces* ***from territories*** *occupied in the recent conflict*), ce que les Israéliens interprètent comme partie des territoires et non de tous, bien que les versions officielles française, russe et espagnole, précisent l'exigence imposée à Israël.

Quoi qu'il en soit, Nasser s'est rallié à la résolution du 22 novembre et, à l'exception de la guerre d'usure (1969-1970), il ne cessera de se déclarer favorable à la négociation, à condition que l'hypothèque de l'occupation soit levée au préalable. Pourtant, un jour après l'adoption de la résolution par le Conseil de Sécurité, Nasser affirme : « *Il y a un principe fondamental auquel je crois et sur lequel je ne reviendrai jamais : Ce qui est pris par la force ne peut être recouvré que par la force. C'est une règle.* » Le raïs poursuit : « *Nous devons aller plus loin dans notre préparation, afin que nous puissions passer à l'offensive (...) Nous attaquerons pour libérer notre sol que l'ennemi occupe. C'est notre droit légitime...* »

Comment comprendre la politique pendulaire du

raïs ? Est-il l'homme du double discours ? Son vieil adversaire Ben Gourion dit de lui : *« Nasser ? Un homme d'État, oui. Mais trop menteur. »* [51] Tente-t-il à doses homéopathiques de préparer progressivement le monde arabe à la reconnaissance d'Israël, en acceptant les résolutions de l'ONU ? Veut-il calmer les durs du monde arabe et les Palestiniens, qui n'arrêtent pas de le houspiller pour son manque d'activisme, quitte à abattre ses cartes le moment venu ? Le raïs est conscient des droits du peuple palestinien, d'autant qu'il ne se trouve pas dans la position incommode de Hussein. Le souverain hachémite est condamné lui, par sa position géopolitique, à être le perpétuel équilibriste du monde arabe. À l'inverse, Nasser a mis sous *« liberté surveillée »* l'antenne du Caire de l'Organisation de Libération de la Palestine. Il n'a donc rien à craindre, même si les leaders palestiniens sont devenus très populaires auprès de la jeunesse égyptienne.

Nasser élève l'ambiguïté politique à un art inconnu jusqu'ici. La diplomatie de bascule du géant du monde arabe oscille entre une politique du refus d'Israël qui lui ouvre les perspectives panarabistes et le pôle *« conciliant »*, *realpolitik*, qui s'arcboute sur *« une égyptiannité »*, lequel a le mérite d'attirer le support de l'Occident. Sans doute, Nasser cherche-t-il obscurément la fin du conflit avec Israël, tout en restant incapable de se résigner à signer une paix séparée. Sans doute, craint-il aussi, après avoir été porté au pinacle du monde arabe, d'en être mis au ban. Faut-il donc s'étonner si cette politique à *« géométrie variable »* faite de démagogie et de réalisme, suivant les interlocuteurs et les enceintes, n'aboutit qu'à une impasse ?

Le surgissement du problème palestinien

Jusqu'à la Guerre des Six Jours, les Palestiniens sont les acteurs silencieux de leur propre histoire. Depuis 1948, le monde arabe proclame avoir pris fait et cause pour eux. Mais de la réalité des mots à celle des actes, la distance est parfois bien grande. Spoliés de leurs droits nationaux par les sionistes, les Palestiniens représentent officiellement *« la cause sacrée du monde arabe »*. Mais les régimes du Caire, de Damas et d'Amman tirent profit de leur destin tragique. En 1950, le royaume hachémite a étendu sa souveraineté sur leurs régions prospères : il s'est emparé de Jérusalem-Est et de la Cisjordanie, territoires qui auraient dû faire partie d'un État palestinien, si le plan de partage des Nations unies de 1947 avait été accepté par les gouvernements arabes. Hussein fit taire les aspirations nationales palestiniennes en menant une politique de *« jordanisation »* de la population. Quant à l'Égypte et à la Syrie, elles ont utilisé avec le plus grand cynisme la carte palestinienne, au vu de l'évolution de leurs intérêts. Jusqu'à la crise politique de mai, Nasser tient d'une poigne de fer les commandos palestiniens qui se trouvent dans la bande de Gaza et les empêchent d'attiser la tension avec Israël. Puis, lorsque le président égyptien se lance dans une politique d'intimidation face à l'État hébreu, il lâche quelque peu la bride des nationalistes palestiniens et les autorise à lancer des raids contre l'ennemi sioniste. Les Syriens, qui entraînent bon nombre de feddayin, utilisent, eux, les Palestiniens pour affaiblir la Jordanie, avec laquelle Damas entretient des relations exécrables. Ils intiment l'ordre aux feddayin de lancer leurs opérations contre Israël, depuis la frontière jordanienne, dans l'espoir que les Israéliens lanceront des raids punitifs contre le régime d'Amman. De tous côtés, la résistance palestinienne se retrouve instrumentalisée à des fins totalement étrangères à la guerre de libération nationale qu'elle entend mener.

La guerre de juin va profondément modifier cette situation : en l'espace de quelques jours, la population de Cisjordanie et de Gaza se retrouve sous domination israélienne, tandis que trois cent mille Palestiniens préfèrent choisir l'exil plutôt que de vivre sous la botte ennemie. Après le choc, les responsables de la résistance palestinienne réalisent que la défaite arabe va peut-être s'avérer être l'instrument de leur émancipation. Face au pouvoir d'Amman, les Palestiniens ne sont plus en position de vassalité, mais en position de concurrence ou de rivalité. Les Palestiniens revendiquent leur État, y compris sur des territoires où s'exerçait jusqu'au 5 juin 1967, la souveraineté jordanienne. À la Palestine *« usurpée »* en 1948 s'ajoute la Cisjordanie occupée par les Israéliens.

L'occupation israélienne fouette le sentiment national palestinien, aussi bien de ceux qui sont restés sur la rive ouest du Jourdain, que de ceux qui ont choisi de fuir devant l'occupant. Le processus de *« jordanisation »* est stoppé net. Fruit de l'occupation ou de l'exil, l'heure est au réveil de la conscience nationale. La résistance trouve son plus large appui dans les camps de réfugiés en Jordanie et au Liban. La fuite de milliers de Palestiniens fournit un immense réservoir d'hommes aux organisations palestiniennes qui se renforcent et se multiplient. La stratégie de la guerre populaire et le refus des solutions négociées sont les points de consensus de la diaspora palestinienne. Dès le mois d'août, le Fatah reprend ses opérations rejoint par l'ALP (armée de Libération de la Palestine), le FPLP (le Front Populaire de Libération de la Palestine) de Georges Habache, et le FDPLP (le Front démocratique Populaire de Libération de la Palestine) de Nayef Hawathmey... Les commandos palestiniens frappent dans les territoires occupés et parfois en Israël même. Les Israéliens répondent par des représailles contre la Jordanie qui sert de base à la guérilla. Ces opérations de rétorsion poussent le souverain hachémite à limiter l'action des feddayin. Mais la question palestinienne ne fait que commencer. Le royaume devient, bien malgré lui, la principale base de feddayin. Ceux-ci trouvent un large soutien auprès de la population, composée à plus de 60 % de Palestiniens. Le rapport des forces entre la guérilla et la dynastie hachémite évolue : devant la faiblesse du royaume, les organisations de la résistance vont bientôt constituer un État dans l'État.

La situation dans les territoires occupés, par contre, est difficile pour le mouvement palestinien. Du fait du manque de collaboration des élites, partagées entre leur sentiment national et leur fidélité au roi, les Israéliens parviennent à démanteler rapidement les réseaux des organisations palestiniennes. A Gaza, les conditions sont plus favorables : la densité d'une population conscientisée offre un terreau fertile aux activistes.

La conférence de Khartoum du 31 août au 2 septembre est l'occasion d'un bras de fer entre le représentant de l'OLP, Choukeiry et l'Arabie Saoudite, la Tunisie et le Maroc qui rejettent toute participation de l'organisation palestinienne et exigent son démantèlement. Choukeiry déclare alors que ces pays veulent, en l'écartant des travaux de la conférence, *« liquider, une fois de plus, le problème palestinien »*. Il faut se souvenir que le Fatah qui se crée en 1965, est une réaction non pas tant face à l'ennemi israélien, mais face au monde arabe qui a *« trahi »* la cause palestinienne. Finalement, Choukeiry reste à Khartoum, sauf pour la session de clôture. Lorsque le roi Hussein prend la parole pour défendre l'option politique afin de libérer la Cisjordanie, Choukeiry l'interrompt. C'est au peuple palestinien et à lui seul de déterminer les formes de son combat, martèle-t-il devant les leaders arabes. Le 1er septembre, le leader palestinien, qui, avant la Guerre des Six Jours, hurlait de façon hystérique à la mort des Israéliens, quitte la conférence, furieux : les chefs d'État ont refusé d'entériner son approche dans la question palestinienne et l'OLP n'est pas reconnue comme *« l'exclusif propriétaire de la cause palestinienne »*.

Pourtant, ce demi-échec masque le fait que la résistance palestinienne est en train d'émerger comme une composante à part entière du monde arabe. Hussein qui demandait de rejeter les activités des feddayin parce qu'il serait incapable de se défendre contre des représailles, n'obtient pas satisfaction. Incapable de trancher sur le fond, la conférence n'a d'autre choix que de laisser à chaque pays le soin d'adopter sa propre politique concernant les actions de la guérilla. Rapidement après Khartoum, le roi Hussein dans une interview à radio-Amman, le 4 septembre, dit : *« J'ai clairement exprimé mon avis aux leaders arabes. Au sujet des opérations des feddayin, il s'avère que d'une part, leurs résultats positifs sont très limités, et d'autre part, ce fut l'un des prétextes majeurs de l'ennemi pour nous attaquer. Je considère comme un crime que des organisations envoient de soi-disant feddayin commettre des actions qui donneraient à l'ennemi le prétexte de resserrer son emprise sur nos frères et nos fils en Cisjordanie... »*

Au sein du monde arabe comme dans les territoires occupés, la situation est complexe : l'occupation israélienne en Cisjordanie et à Gaza, la montée en force des organisations palestiniennes et *« l'insistance »* de Khartoum sur *« les droits des Palestiniens »*, suscitent des discussions sur l'éventuelle création de cet État. La Jordanie, comme une fraction des habitants de Cisjordanie, en rejettent l'idée. Ils veulent restaurer la souveraineté hachémite sur le territoire conquis par Israël et refusent fermement l'idée d'un État palestinien. Au sein de la population qui vit sous le joug de l'occupation, ceux qui défendent les droits de la monarchie ne veulent pas tous revenir à la situation antérieure, où la Jordanie était, de fait, dirigée essentiellement par les politiciens de la rive Est. Ils exigent en cas de retour de la monarchie, une démocratisation du régime. La majeure partie de la population de Cisjordanie et de Gaza de même que les Palestiniens qui ont pris le chemin de l'exil, voient là une occasion de se libérer de la pesante tutelle jordanienne et égyptienne. L'occupation leur fait miroiter à terme, la possibilité d'une véritable indépendance nationale. Dans le monde arabe, deux opinions s'opposent : certains, au nom du panarabisme et de l'unité arabe, se refusent à créer un nationalisme arabe supplémentaire, facteur de division. D'autres, voient dans un futur État palestinien, la résolution du conflit avec Israël. Reste que dans l'après-guerre, la question de l'avenir de la *« Palestine »* n'est assurément pas d'actualité, sauf pour les principaux intéressés. Sans doute, ni les Israéliens, enivrés par leur victoire, ni les Arabes encore traumatisés par leur défaite, ne réalisent qu'un processus historique se met en marche. Pourtant, la question palestinienne change de nature : il ne s'agit plus d'une simple question de *« réfugiés »*, mais d'un peuple qui entend obtenir réparation. Leur terre a été *« volée »*, leurs droits bafoués, ils exigent ce qu'ils estiment être leur dû : la Palestine, de la Méditerranée au Jourdain, et s'accommodent de plus en plus mal du maigre choix qui leur est laissé, vivre étrangers dans leur propre pays, ou en exil, *« manipulés par leurs frères arabes »*.

Après l'heure du repli, le temps est à la réorganisation. Le mouvement palestinien entre dans une période de mutation : alors que la résistance connaît une pleine phase d'expansion, l'OLP traverse une crise profonde. Fondée par les États arabes en 1964, liée à eux, elle est discréditée par la défaite. En décembre 1967, Choukeiry démissionne et son organisation se transforme : elle devient le « *cadre* » général de l'unité nationale, ce qui n'empêche ni la prolifération d'organisations de résistance, ni leur très large autonomie. La lutte armée s'intensifie. Les incidents à la frontière jordanienne avec Israël se multiplient : leur nombre passe de 97 en 1967 (après juin), à 916 en 1968, 2 432 en 1969 et 1 887 jusqu'en août de 1970 [52]. Ces actions confèrent un prestige certain à la résistance, qui voit en l'espace de deux ans, — de 1968 à 1970 —, ses effectifs décupler [53]. Sur le fond, le programme politique de la résistance se précise. Il n'est plus question de « *jeter les Juifs à la mer* » ou de n'autoriser que les Juifs « *indigènes* » à demeurer dans la future Palestine. En 1968, le Fatha fait connaître son projet d'État démocratique, où Musulmans, Chrétiens et Juifs vivraient en pleine égalité. En 1969, c'est au tour du Conseil national palestinien, qui fait office de « *Parlement* », d'adopter le programme d'une Palestine révolutionnaire, démocratique et laïque, sous l'influence de Yasser Arafat, qui devient la figure de proue de l'OLP.

Les démons de la surenchère qui agitent la résistance, couplés à l'intransigeance israélienne, entraînent une radicalisation des organisations palestiniennes. Le désespoir les pousse à utiliser les méthodes terroristes pour faire entendre leurs revendications. Le 23 juillet 1968, le FPLP, dirigé par Georges Habache, détourne sur la capitale algérienne, un avion de la compagnie El Al. Pour la première et dernière fois, les Israéliens cèdent aux exigences des pirates de l'air. Les actions terroristes se multiplient, aussi bien au Moyen-Orient qu'en dehors, alors que les services de renseignements israéliens engagent une lutte sans merci contre les activistes palestiniens. Devenue le principal champ de bataille entre forces israéliennes et feddayin, la Jordanie s'enfonce lentement mais inexorablement dans la guerre. Le roi, sentant son trône vaciller, décide de mater les commandos palestiniens. Les affrontements sanglants de septembre 1970 se soldent par la défaite des feddayin, dont une partie émigrera au Liban. Leur activisme casse le fragile équilibre religieux et communautaire sur lequel repose le pays des Cèdres, qui devient le champ clos des affrontements au Moyen-Orient. La guerre civile libano-palestinienne qui éclate en 1975 conduira, sous la pression conjuguée des Israéliens et des Syriens, à en chasser provisoirement la résistance. Révolutionnaire et messianique, l'OLP récolte les fruits amers d'une ligne politique irréaliste.

Il n'en demeure pas moins que l'une des conséquences les plus marquantes de la Guerre des Six Jours réside dans le surgissement de la question palestinienne. Le conflit change d'axe : le refus arabe de reconnaître l'existence d'Israël est supplanté par le refus israélien de reconnaître les droits nationaux des Palestiniens. C'est là que se situe la fracture du mois de juin : d'une guerre classique entre États-nations, le conflit israélo-arabe se mue en guerre de libération nationale. Rarement dans l'Histoire, la victoire d'un nationalisme n'a autant signifié l'exclusion d'un autre. Le recul historique fait apprécier la magistrale erreur commise par les Arabes d'avoir refusé le plan de partage des Nations unies de 1947, accepté par les Juifs, qui aurait fait la part belle à un État palestinien.

Le recul montre aussi que l'occupation israélienne est paradoxalement une chance pour le mouvement palestinien. Le bien-fondé de la souveraineté égyptienne sur Gaza et jordanienne sur la Cisjordanie a été gommé en juin 1967. La Palestine, une fois *« libérée »*, ne pourra légitimement que revenir à ses habitants. Quant à la résistance, elle sort, à terme, considérablement renforcée de la Guerre des Six Jours. Se défaisant de la tutelle des pays arabes, elle devient l'unique représentante du peuple palestinien. En gagnant son autonomie, en se battant les armes à la main contre Israël, en s'imposant dans le camp arabe comme un interlocuteur obligé, le mouvement national palestinien entame sa longue marche vers la reconnaissance par la communauté internationale de son droit à l'auto-détermination. Reste aux Palestiniens à lever l'hypothèque la plus lourde qui pèse sur leurs aspirations nationales, à savoir l'hypothèque israélienne. Il faudra 20 ans pour que le soulèvement — l'intifada — dans les territoires occupés qui débute en décembre 1987, précipite l'évolution de la situation.

Cette «*révolution des pierres*» (traduction littérale de *intifada*) que personne n'attendait, secoue brutalement et durablement la Cisjordanie et Gaza. Plus que cela, elle fait exploser le mythe de «*l'occupation douce*» dans lequel se complaisait l'opinion publique israélienne. Incapables de la mater, les soldats de l'État hébreu tentent en vain de la réprimer. A mesure que s'allonge le nombre des morts et que perdure l'intifada, l'opinion publique israélienne se cristallise. Une partie, tentée par la voie de l'intransigeance, se fait l'avocat du «*transfert*» qui consisterait à évacuer de force les Palestiniens vers la Jordanie. Cependant, la majorité des Israéliens commencent à prendre conscience du fait palestinien et se déclarent (dans des sondages) favorables à l'ouverture d'un dialogue avec l'OLP, moyennant des garanties sur la sécurité de leur pays. Cette évolution va de pair avec l'offensive diplomatique de la centrale palestinienne. Le 14 novembre 1988, l'OLP proclame à Alger la création toute théorique d'un État palestinien indépendant. En faisant sienne vingt et un ans plus tard, la résolution 242 des Nations unies du 22 novembre 1967, la centrale palestinienne reconnaît implicitement le droit à l'existence d'Israël. Plus que cela, l'OLP se dit prête à entamer un dialogue immédiat et sans condition avec les responsables de l'État hébreu. Cette politique de la main tendue de l'OLP donne des résultats rapides: les derniers obstacles à l'instauration d'un dialogue officiel avec les États-Unis sont levés, des dizaines de pays reconnaissent le nouvel et encore théorique État palestinien, Yasser Arafat est reçu dans le monde entier avec les honneurs dus à un chef d'État. Alors que l'OLP vole de victoire diplomatique en victoire diplomatique, Israël se retrouve profondément isolé. Les images de la répression de l'intifada ont choqué l'opinion publique occidentale qui en dénonce la brutalité. Certains des plus fervents amis de l'État hébreu adjurent le gouvernement de Jérusalem d'explorer toutes les voies de la paix, y compris avec l'OLP. Face à ces pressions internationales, les ministres israéliens sillonnent la planète du Japon à l'Égypte, de la France aux États-Unis, dans l'utopique espoir d'y rencontrer la compréhension de leurs interlocuteurs. Mais l'argument de la survie d'Israël ne fait plus le poids devant les violations quotidiennes des droits de l'homme dans les territoires occupés.

Par son caractère populaire et irréversible, l'intifada a montré l'inanité de tous les succès militaires israéliens. Elle constitue l'un des derniers maillons de la boucle entamée le 5 juin 1967. Après avoir connu les affres de l'occupation ou de l'exil, avoir enduré la sanglante répression jordanienne en 1970, la résistance palestinienne s'installera au Liban. Là-bas, Yasser Arafat et ses plus fidèles soldats survivront in extremis à la dissidence fomentée par la Syrie, avant d'être provisoirement chassés de Beyrouth par l'attaque israélienne de 1982. L'intifada aura pour effet de renverser la situation. Elle offre le ferme espoir qu'au terme de l'occupation israélienne, le droit à l'auto-détermination des Palestiniens puisse enfin voir le jour.

LA POLITIQUE ISRAÉLIENNE DANS L'APRÈS-GUERRE

La politique israélienne

La Guerre des Six jours ressemble au miracle de la Bible, lorsque les murailles de Jéricho s'effondrent au son des trompettes. Passé le moment d'euphorie, le gouvernement de coalition nationale affronte son plus grand défi : briser enfin le refus arabe, c'est-à-dire concrétiser la victoire militaire sur le plan diplomatique. Mais l'histoire israélienne montre qu'il est parfois plus difficile de surmonter de grandes victoires que de grandes défaites.

Dans l'immédiat après-guerre, à l'exception de quelques voix, la classe politique israélienne est optimiste quant à la possibilité d'un règlement pacifique du différend. L'ennemi est à genoux et il suffit d'attendre qu'il rejoigne la table de négociation, pour entamer les discussions de fond. Le 12 juin, deux jours après la fin des hostilités, le Premier ministre Lévi Eskhol, du haut de la Knesset, lance un appel au dialogue : *« Une nouvelle situation a été créée qui peut servir de point de départ dans des négociations directes (...) Peut-être, les leaders arabes repenseront-ils leur politique (...) Peut-être, réaliseront-ils les bénéfices que chacun pourrait retirer d'un climat de coopération.* » Le 19 juin, aux Nations unies, Abba Eban, le ministre des Affaires étrangères, exprime la même opinion : « *Au travers de négociations libres avec chacun de nos voisins, nous proposerons de justes et durables solutions pour notre avantage mutuel...* » Le même jour, écrit dans ses Mémoires le général Rabin, le gouvernement israélien adopte secrètement une résolution. Elle prévoit qu'en contrepartie d'un traité de paix, Israël repliera ses troupes sur leurs positions du 5 juin, à la frontière du Sinaï et sur le lac de Tibériade, sous réserve de mesures destinées à garantir le libre passage du détroit de Tiran et du canal de Suez, ainsi que la sécurité de la région située sous les hauteurs du Golan. Restent la Cisjordanie et la bande de Gaza, qui, avec le problème des réfugiés, devaient faire l'objet d'un examen séparé. Au mois d'août, le gouvernement de Lévi Eshkol abandonnera cette proposition de paix.

Le 30 juillet, le gouvernement décide unanimement qu'Israël ne se retirera pas des lignes de cessez-le-feu sans négociations directes avec les Arabes. Le 14 août, deux semaines avant la conférence de Khartoum, Abba Eban récapitule la position israélienne. Il ajoute que « *le gouvernement israélien est en discussion active afin de déterminer les conditions israéliennes d'un traité de paix avec ses voisins (...) la sagesse,* poursuit-il, *dicte que ses vues sur les questions territoriales ne soient pas rendues publiques* ». Toutefois, dans des discussions privées, le ministre des Affaires étrangères confie qu'Israël veut obtenir de l'Égypte, par le biais de négociations directes, le libre-passage dans le canal de Suez et dans le détroit de Tiran et la démilitarisation du Sinaï.

À l'attitude de « *ni guerre ni paix* » du monde arabe,

le gouvernement israélien répond par une politique de refus des frontières d'avant les hostilités, jugées trop dangereuses. L'objectif consiste à tout mettre en œuvre pour que le sentiment d'asphyxie, de destruction imminente ne puisse plus resurgir. Dès la fin de la Guerre des Six Jours, Moché Dayan propose l'établissement d'une nouvelle carte basée sur un principe : ne rendre les territoires qu'en échange de la paix. C'est-à-dire administrer les territoires conquis sans les annexer à Israël. Ironiquement, si le gouvernement comme la majorité de la population penche pour la fermeté, incarnée jusqu'ici par David Ben Gourion, le vieux leader, lui, a évolué dès juin 1967. Dans une interview au *Nouvel Observateur* [54], il affirme : « *En échange de la paix, nous devons évacuer* **tous les territoires conquis** en juin 1967, *excepté Jérusalem et les hauteurs du Golan. Il y a suffisamment de place, comme avant la Guerre des Six Jours, pour accueillir tous les futurs immigrants juifs et c'est tout ce qui compte.* » Mais le fondateur de l'État d'Israël n'est plus entendu. L'heure est au durcissement.

Khartoum et après

La victoire militaire n'est suivie d'aucune percée diplomatique. L'humiliation arabe conjuguée au peu d'empressement de l'État hébreu limitent les chances d'aboutir à une solution pacifique. En effet, en inversant le rapport des forces, la Guerre des Six Jours a profondément modifié le sentiment des Israéliens. Jusque-là, ils se sentaient à l'étroit dans leur « *forteresse* », en quelque sorte « *ghettoïsés* » dans le Moyen-Orient. Grâce à la victoire de juin, non seulement Tel-Aviv n'est plus à 20 km des canons jordaniens, l'artillerie syrienne ne pilonne plus les kibboutzim de la vallée du Jourdain et les Égyptiens ne peuvent plus attaquer depuis Gaza, mais, pour la première fois, ce sont les Israéliens qui tiennent le couteau par le manche : Damas est à portée de main et Le Caire devient atteignable. La profondeur stratégique place Israël à l'abri des mauvaises surprises. L'État hébreu n'entend plus quémander humblement sa reconnaissance aux Arabes. La conviction quasi unanime des Israéliens consiste à considérer le problème de sécurité comme résolu : l'invincibilité de l'armée juive, la profondeur stratégique acquise et la faiblesse militaire de l'adversaire rendent tout assaut de l'ennemi suicidaire, car condamné d'avance à l'échec.

Israël se découvre soudainement la puissance dominante du Moyen-Orient. Les ondes de choc créées par la victoire militaire parcourent en profondeur le peuple et la classe politique. Le gouvernement est divisé quant à la politique à suivre. Le sommet du monde arabe dans la capitale soudanaise est du pain bénit pour les Israéliens. Jérusalem s'abrite derrière les trois *« NON »* de Khartoum (non à la paix, à la reconnaissance et à la négociation avec Israël), pour ne retenir que l'intransigeance de ses ennemis. Cela a l'indiscutable mérite d'éviter toute division au sein de l'exécutif. Du reste, pour se prémunir de toute menace de désintégration de la coalition nationale, le gouvernement décide de rejeter toute proposition qui ne conviendrait pas aux fractions socialistes (Mapam) et de droite (Gahal). L'immobilisme triomphe. Le 3 septembre, le Premier ministre *« regrette »* officiellement les résolutions de Khartoum, qui *« rendent la paix toujours plus lointaine. Face aux intentions agressives des chefs d'État arabes*, poursuit-il, *(...) nous demeurerons fermes dans notre politique (...) »* Abba Eban, parlant devant l'Assemblée générale des Nations unies le 25 septembre, constate : *« Notre insistance pour des négociations directes n'est pas une question de procédure...*

Un refus de négocier est identique à un refus de vivre en paix. » Pourtant, une lecture plus fine des résolutions finales et de l'attitude des parties aurait montré le rééquilibrage des forces au sein du monde arabe, au profit des modérés. Le ton plus conciliant de Nasser et le désaveu des durs en témoignent : Damas boude la conférence, l'OLP refuse d'entériner les résolutions, Alger fait part de sa mauvaise humeur. Mais visiblement, les Israéliens, en cet été 1967, n'ont cure de ces subtilités byzantines.

Dès Khartoum, voyant que l'ennemi ne se pliera pas à une reconnaissance de jure d'Israël, les ministres de l'État hébreu font publiquement part de leurs analyses divergentes : Iigal Allon privilégie l'option stratégique, selon laquelle les frontières d'Israël doivent être dessinées en accord avec ses besoins de sécurité. Moché Dayan lance l'idée d'un traité de paix avec la Jordanie, aux termes duquel la monarchie hachémite exercerait l'autorité administrative sur la Cisjordanie, alors qu'Israël en garderait le contrôle militaire. Le ministre sans portefeuille de la droite, le Gahal, Menahem Begin prêche pour l'implantation de colonies juives dans les territoires occupés. Au sein même du parti travailliste, les membres se divisent entre « *colombes* » et « *faucons* ». Devant l'étalage de telles divergences, le sentiment général est de préférer un statu quo stratégiquement avantageux à un très éventuel traité de paix, véritable bâton de dynamite entre les partis politiques israéliens quand ce n'est pas en leur sein.

Mais si les frontières sont stratégiquement idéales, elles sont inacceptables pour l'ennemi : « *Les forces israéliennes sont maintenant à quelque 60 km faciles à parcourir de Damas, il y a peu de chance que les Syriens acceptent cette position comme base de la paix* », observe le ministre de la Défense. « *Nous devons être prêts pour un conflit de longue durée* », conclut Moché Dayan. Pourtant, la grande majorité des Israéliens sont loin d'être mécontents de la politique d'immobilisme de l'État hébreu. Outre l'avantage stratégique et la stabilité politique que procure le nouveau statu quo, les Israéliens sont convaincus que la roue de l'Histoire tourne dans leur direction. Désormais, le temps joue en leur faveur. Les Arabes finiront par comprendre, pensent-ils, qu'ils n'ont d'autre alternative que de reconnaître l'État d'Israël. Cette conception *« éducative »* repose sur une dose de mépris de l'adversaire, qui n'est supposé comprendre que *« le langage de la force »*. Comme déclare le général Weizmann, *« la guerre, ce n'est pas fait pour les Arabes. »* Les conflits de 1956 et de 1967 persuadent bon nombre d'Israéliens que toute opération militaire doit, par un mystérieux déterminisme historique, nécessairement tourner en leur faveur. Ce sentiment d'invincibilité se renforce souvent d'un psychologisme primaire, selon lequel la solidarité au sein même des armées arabes est si faible, que les troupes se désintègrent dès que les combats prennent de l'ampleur. À supposer même que les Arabes soient assez fous pour se lancer à l'attaque, les services de renseignements de l'État hébreu, réputés infaillibles, sauraient leur dresser des pièges dont ils ne se relèveraient pas. L'enlèvement de Eichmann en Argentine en 1960, la carrière de l'espion Elie Cohen au sein du pouvoir syrien, l'attaque-surprise du 5 juin, et plus tard, en décembre 1969, le rapt des vedettes de Cherbourg à la barbe des autorités françaises sont autant de confirmations selon lesquelles le renseignement israélien serait bien *« le meilleur du monde »*. Ne craignant ni conflit militaire, ni boycott économique depuis l'échec de *« l'arme du pétrole »*, les Israéliens s'imaginent dégagés de tout souci lié à la sécurité du pays.

Quant aux Palestiniens, pensent-ils, ils se résigneront à leur sort. L'augmentation du niveau de vie et d'éducation palliera leur frustration politique. C'est oublier un peu vite que l'occupation des territoires bouleverse les données de base du problème palestinien. Presque toute la population du Golan à l'exception des Druzes, soit environ 120 000 personnes ont fui avec l'armée syrienne durant la guerre. L'exil des Palestiniens de Cisjordanie est encore plus massif : entre juin et septembre, 200 000 personnes préfèrent franchir le Jourdain plutôt que de subir le joug israélien. Parmi eux, près de la moitié sont eux-mêmes des réfugiés de 1948 qui s'étaient installés en Cisjordanie. Les appels du souverain hachémite, demandant à la population de rester sur place, restent lettre morte.

Dans les territoires, un gouvernement militaire est instauré dès le début de l'occupation. Moché Dayan met en place une politique de *« ponts ouverts »* entre la Cisjordanie et la Jordanie, pour que le mécontentement palestinien soit en quelque sorte désamorcé par *« la valve »* que représentent les échanges avec le royaume hachémite. C'est la première fois qu'une frontière perméable existe entre un territoire aux mains des Israéliens et un pays arabe. Parallèlement, les barrières sont levées entre l'État hébreu et les territoires conquis. Après le choc de la défaite, les organisations palestiniennes se réorganisent. D'après l'analyse du Fatah, imprégnée du marxisme et du guévarisme en vogue à l'époque, la nouvelle situation s'apparente à une guerre révolutionnaire : de larges segments de la population palestinienne sont soumis à *« l'impérialisme »* israélien. Des hommes et du matériel sont introduits en Cisjordanie et des feddayin commettent des actions de commandos dans les territoires occupés et en Israël même. Pour en venir à bout, Moché Dayan préconise, outre la répression, de limiter au maximum les interférences avec la population arabe de manière à ne pas attiser les sentiments de la population de Cisjordanie et de Gaza. Cette politique de main de fer dans un gant de velours donne des résultats : en l'espace de quelques semaines, presque toutes les cellules des organisations palestiniennes sont détectées par les autorités israéliennes et leurs membres mis en prison. La grande heure du Fatah n'a pas encore sonné. Parmi la population de Cisjordanie et de Gaza, la sympathie envers les actions de feddayin semble se cantonner essentiellement à un niveau théorique, sans se traduire par un soutien opérationnel.

Ballotté entre la tentation du pragmatisme et la préservation de son unité, entre les démons de la surenchère et les exigences de la modération, le gouvernement israélien durcit progressivement sa politique à l'égard des territoires occupés. Au fur et à mesure que l'occupation se prolonge, le Golan, la Cisjordanie et Gaza cessent d'être considérés comme un butin de guerre que l'on a gelé, en attendant l'heure des négociations. Investis d'une mystique sécuritaire, nationaliste et religieuse, ces territoires deviennent partie intégrante d'un nouvel Israël, plus grand, plus fort, un Israël dont les frontières n'auraient plus guère de points communs avec la ligne verte du 5 juin. Au lieu d'être la monnaie d'échange qui servirait à troquer sa reconnaissance par le monde arabe, les territoires conquis se transforment en un obstacle supplémentaire sur la voie de la paix. Entre septembre et octobre 1967, les quatre premières implantations de colons juifs sont établies par des groupes para-militaires en Cisjordanie.

Alors que l'État hébreu bénéficiait jusque-là d'une image extrêmement positive auprès de l'opinion publique et des gouvernements occidentaux à l'exception de la France, cette politique d'annexion rampante suscite non seulement l'hostilité attendue du monde arabe, mais aussi des alliés traditionnels d'Israël. Le sentiment d'euphorie qu'apporte la victoire éclatante de juin se transforme en un isolement de plus en plus marqué d'Israël.

L'impasse de la résolution 242

L'acceptation de la résolution 242 des Nations unies le 22 novembre 1967 par Israël, l'Égypte et la Jordanie ne débouche sur aucun résultat concret. Ce texte qui reconnaît le droit de chaque pays à vivre dans des frontières sûres et reconnues se heurte à un obstacle de taille : les Israéliens refusent de retourner aux frontières d'avant la Guerre des Six Jours et exigent des négociations directes pour régler l'ensemble des questions, y compris celles du nouveau tracé des frontières. De leur côté, les États arabes considèrent les exigences israéliennes comme étant totalement inacceptables et s'opposent à toutes négociations, du moins tant que les forces de l'État hébreu occuperont partie de leur territoire.

Certains espéraient un grand geste d'Israël, un geste de portée historique, qui par « *sa générosité* » aurait désarmé l'hostilité du monde arabe, encore sous le choc de la défaite. Mais ce geste, qui aurait été de restituer à l'ennemi la majeure partie des territoires, ne viendra pas. Probablement n'eût-il rien donné face à l'intransigeance arabe et à l'hostilité soviétique. D'autres encore attendaient qu'à la suite de la Guerre des Six Jours, l'État hébreu devenu le Goliath du Moyen-Orient, fasse preuve d'imagination dans sa politique étrangère et ne se cramponne pas simplement à « *la forteresse Israël* ». Mais le cataclysme de la Guerre des Six Jours rend tout effort d'ouverture vers l'adversaire, quasi impraticable.

Le pays se fige, se verrouille, chacun campant sur ses positions, les pieds ancrés dans le ciment des certitudes. Plus que jamais, les Israéliens adhèrent à l'image des Arabes, ennemis implacables d'Israël, « *qui ne comprennent que le langage de la force* ». C'est l'hégémonie du « *complexe de sécurité* » qui conduit à la pétrification du conflit, la victoire du « *bengourionisme* » (d'après Ben

Gourion, bien que lui-même ait évolué) sur les forces plus conciliantes, celles qui seraient prêtes à risquer le pari de la paix, ou du moins de la non-belligérance. Israël ne va donc « *pas rendre un pouce* » jusqu'à ce que le camp arabe se plie au fait israélien. Et même là, Israël entend désormais camper sur des frontières stratégiquement « *sûres* ». La Guerre des Six Jours clôt donc pour des années, le cercle de l'intransigeance. Cette impasse ne sera brisée que par la guerre de 1973. Le président du Congrès juif mondial, Nahum Goldmann, constate tristement que « *lorsque les quatre Grands offrirent leurs médiations, Israël repoussa leur proposition. Quand M. Jarring, tel un commis-voyageur, fit la navette des dizaines de fois entre Jérusalem et les capitales arabes, Israël ne fit rien pour lui permettre de réussir. Quand le gouvernement américain essaya timidement, avec le deuxième Plan Rogers (août 1970) de proposer un accord, Israël, bien que l'ayant accepté officiellement avec des réserves, fut réticent à l'appliquer... Dans les années qui s'écoulèrent entre ces deux guerres (1967-1973),* conclut amèrement Nahum Goldmann, *la politique d'Israël fut irréaliste et désespérante.* »[55]. Selon l'expression prêtée à Abba Eban, « *depuis la Guerre des Six Jours, Israël se comporte comme un critique d'art jamais satisfait qui rejette tous les projets de paix que d'autres ont mis en scène* ». Faussement assuré de sa suprématie militaire et de l'impossibilité d'une nouvelle guerre, le gouvernement israélien se confirmera depuis juin 1967 dans une attitude passive. Construite dans la même perspective que la ligne Maginot, la ligne Bar-Lev, érigée sur le canal de Suez en 1970 au prix de 400 millions de dollars en sera, à la fois, le plus parfait symbole et son plus cuisant échec.

LE CHOC DES REPRÉSENTATIONS COLLECTIVES

La Guerre des Six Jours, c'est le choc entre deux représentations collectives, entre le monde arabe qui redresse la tête après plus d'un siècle de soumission et l'histoire juive, meurtrie au plus profond de son âme. C'est la rencontre, sous le signe de la guerre, de deux univers fermés, chacun hanté par ses démons propres.

Au spectre du colonialisme, cauchemar de l'arabe, s'oppose le syndrome d'Auschwitz, traumatisme du juif. Là réside le malheur du Moyen-Orient, dans ce jeu d'images où l'adversaire se met à incarner l'horreur passée. Israël n'est que le masque ultime de l'impérialisme, disent les uns, les Arabes continuent l'œuvre d'extermination des nazis, pensent les autres. La guerre de juin casse ce jeu de projections. L'adversaire n'est plus un fantasme, mais un ennemi. Totalement mais seulement un ennemi. Le monde arabe substitue à la vision « *satanique* » d'Israël, une perception plus conforme à la mesure des faits. L'occupation de la Cisjordanie, du Sinaï, de Gaza et du Golan l'oblige à se heurter à la réalité israélienne dans toute sa dimension et sa complexité.

Dans les années soixante, le monde arabe est en plein bouleversement. Rien ne semble pouvoir endiguer cette volonté populaire de briser les dernières chaînes du colonialisme. Rien ne peut tarir cette soif inextinguible d'indépendance. Le nassérisme qui se répand est une force extraordinaire qui se lève dans tout l'Orient, mélange explosif de rejet et de défi à l'encontre du maître d'hier, cet Occident qui du haut de sa superbe, dictait sa loi à l'Orient, le dépeçant, découpant au ciseau les frontières, créant de toutes pièces le Royaume hachémite, cédant une partie de la terre de Palestine à des nationalistes juifs de Kiev, de Varsovie et de Galicie. Nasser mieux que quiconque, incarne cette aspiration à sortir du joug de l'Occident, à relever fièrement la tête et à accepter le défi de l'indépendance et de la modernisation.

Et Israël incarne cet Occident, honni, haï, et à certains égards, fascinant, morceau de terre greffé de force dans l'océan moyen-oriental. Alors que le monde arabe, après des siècles d'humiliation, touche la terre promise de l'indépendance, voilà que surgit une nouvelle émanation de l'Ouest, un nouveau « *colon* ». Mais cette fois l'ennemi, dès le début, est à portée. Israël, c'est l'impérialisme du pauvre. Il mordra la poussière. Rien ne peut empêcher le train de l'Histoire d'écraser cette création tardive du colonialisme. « *Notre lutte contre Israël se confond essentiellement avec notre lutte contre l'impérialisme mondial, le racisme réactionnaire, les monopoles économiques, lutte qui s'inscrit dans l'Histoire* », affirme la journaliste socialiste égyptienne, Loufti El Kholi, dans la revue des *Temps Modernes* [56]. Au messianisme d'inspiration marxiste s'ajoute le messianisme traditionnel : « *L'Arabe n'abandonnera pas sa patrie à des étrangers, guidés par une théorie raciale extravagante et une interprétation dogmatique de l'histoire (...) La croyance arabe veut que l'histoire se répète. Les Hébreux, les Romains, les Grecs, les Croisés, les Turcs et bien d'autres sont venus en Terre Sainte et l'ont occupée de force, sinon de droit (...) Mais ces occupations se sont toujours soldées par des défaites. Il n'y a aucune raison de douter que la présente invasion de notre patrie par les sionistes ne prenne fin elle aussi quand sera venu pour nous le moment de retrouver la paix* », écrit Sami Hadawi, directeur de l'Institut d'études palestiniennes de Beyrouth [57]. Bref, le diagnostic est facile à poser, ainsi que le constate Abdul Whab Kayyali, qui se penche au chevet du monde arabe [58] : « *Le corps et le cancer ne peuvent coexister: la lutte entre eux est une lutte pour l'existence* ».

Inutile de se voiler la face: il s'agit de liquider l'État sioniste, l'État-gangster, le détruire, l'annihiler, rétablir le droit des Palestiniens à l'auto-détermination. L'issue du combat contre les forces du mal est écrite: « *Si les Juifs continuent à refuser de s'intégrer, la Palestine n'aura d'autre solution que de rejeter ce corps étranger et agressif, qui ne veut pas obéir aux lois élementaires de l'humanité* », fait observer au début 1967, le Marocain Tahar Benziane [59]. Israël, de toute manière, est voué par sa nature propre à disparaître de lui-même, à se désintégrer: les Juifs ne sont pas une nation et cet État artificiel ne peut subsister longtemps. L'exemple des Croisés l'a montré.

Pourtant, si Israël avant la crise politique de mai 1967, est bien ce monstre, cet animal à têtes multiples qui suce les forces vives du monde arabe, s'il est bien omniprésent dans la conscience des peuples du Moyen-Orient, la volonté de le combattre militairement fait pourtant défaut. Certes, personne n'oublie le sort des réfugiés, ni l'amputation du sol arabe. Mais, mis à part les Palestiniens, on préfère reléguer à un avenir incertain la lutte contre le sionisme. Encore faut-il distinguer entre les pays du Machrek — Irak, Syrie, Jordanie, Liban —, où l'existence de l'État sioniste est le plus durement ressentie, l'Égypte, protégée par la profondeur stratégique que lui confère le Sinaï et concentrée sur la cause panarabiste, et le Maghreb lointain, qui émerge d'années de lutte pour son indépendance. La guerre contre Israël est perpétuellement renvoyée à un futur flou et distant, d'autant que son caractère artificiel le condamne à dépérir de lui-même. Une rhétorique basée sur *« la liquidation d'Israël »* fleurit d'autant plus que rien de précis ne se prépare contre l'État hébreu. Nasser comme d'autres chefs d'État arabes, utilise les aspirations palestiniennes à sa convenance, pour lutter contre *« la réaction arabe »*, mais dresse le rideau de la FUNU pour empêcher tout incident entre Israël et l'Égypte.

Ce relatif désintérêt pour la cause palestinienne jusqu'en 1967 n'empêche pas le fait que l'État sioniste soit véritablement abhorré, démonisé. Il prend simultanément toutes les figures du mal, et cette nature maléfique ne dicte qu'une seule politique à son égard : le rayer de la carte pour la sauvegarde du monde arabe et de l'humanité tout entière. Un acte de salubrité publique. Liquider Israël c'est d'abord rectifier une injustice historique. Nasser ne voit pas de spoliations pires que celles dont ont été victimes les Palestiniens. Le 1er octobre 1963, il affirme *« qu'il n'y a pas de parallèle dans l'histoire humaine au désastre de la Palestine »* [60]. Liquider Israël, c'est aussi se prévenir contre une idéologie expansionniste, puisque le but de ce pays est, selon le raïs égyptien, *« de frapper à mort non seulement le nationalisme arabe, mais le monde arabe »*. Pour des raisons défensives, il faut donc éradiquer le sionisme, cette « forme de cancer qui a infecté le monde arabe et l'humanité » : *« Un mouvement colonialiste, chauvin et militariste »*, constate en 1967, dans la revue *Les Temps Modernes*, le Palestinien Mouthir Anabtawi [61].

Mais que faire de la population juive ? Il faut se porter à son secours afin de la délivrer de cette « gangrène qu'est le sionisme » : « *L'élimination de l'État d'Israël est susceptible d'aider dans une grande mesure, sinon totalement, à résoudre le problème juif dans le monde* », relève un des participants au numéro spécial que *Les Temps Modernes* consacre au conflit israélo-arabe. « *En effet*, poursuit-il, *ce problème qui fut la conséquence de la persécution raciale en Europe n'existe plus aujourd'hui avec l'écrasement du nazisme, du fascisme et des régimes autocratiques. Quant au problème juif, tel qu'il existe actuellement, il est la conséquence des tentatives du sionisme pour faire pression sur les Juifs de l'univers, afin qu'ils s'établissent définitivement en Israël, justifiant ainsi l'existence de cet État et ses objectifs expansionnistes.* » La libération du monde arabe va de pair avec celle du monde juif, mis en esclavage par le sionisme, à la fois « *trahison et perversion des valeurs universelles du judaïsme* ». Au contraire du nationalisme arabe qui exprime les aspirations de tout un peuple, le sionisme ne représente pas le peuple juif, il lui a été imposé et il doit s'en libérer. Les antisémites voulaient mettre les Juifs dans des ghettos, le sionisme cherche à les parquer en Palestine, pensent certains intellectuels arabes. Nasser écrit au chancelier Erhardt de la RFA, le 16 mai 1965 : « *Le racisme sioniste a exploité les souffrances des Juifs sous le régime hitlérien afin d'exécuter un complot terrible contre la nation arabe afin de s'emparer de son territoire pour établir un foyer national en Palestine.* »

Mais comment parvenir à délivrer Juifs et Arabes du sionisme ? Rares sont ceux qui croient avec le correspondant à Paris du journal *Al Ahram*, Ali Elsmman, que les Juifs se détourneront d'eux-mêmes de cette idéologie qui les tient prisonniers : « *Le jour viendra, certes, où beaucoup d'hommes de bonne volonté, de l'autre côté de la barrière, en auront assez de la protection permanente de l'impérialisme, de la 6e flotte américaine, de l'amitié d'un gouvernement qui impose l'apartheid en Afrique du Sud, de l'exploitation du Juif oriental par le Juif ashkenaze. C'est alors qu'ils mettront en cause le statu-quo, tourneront le dos au sionisme et chercheront l'accord avec les Arabes, coûte que coûte (...) Le bilan du sionisme est lourd de drames, de tueries, de massacres et d'assassinats individuels (...) Je hais ce sionisme qui sépare l'Arabe du Juif»* [62]. Si pour ce journaliste, il n'est pas question de *«jeter les Juifs à la mer»*, Nasser et, avec lui, la majorité du monde arabe adoptent un ton nettement plus guerrier: *«Nous n'entrerons pas en Palestine avec son sol couvert de sable. Nous entrerons avec son sol saturé de sang»*, affirme-t-il le 8 mars 1965. Beaucoup au sein du monde arabe font une différence entre les *«véritables»* occupants Juifs de la Palestine et les émigrants qui, eux, n'ont aucun droit à faire valoir sur cette terre. Pierre Gemayel, leader des phalangistes et ministre libanais à l'époque, déclare: *«La solution au problème israélien réside dans sa 'palestinisation', c'est-à-dire, par le retour des immigrants juifs européens dans leur pays, afin qu'il soit possible d'établir un État palestinien habité par les Juifs du lieu et la population arabe de Palestine»* [63].

C'est dans ce contexte marqué par la démonisation d'Israël, que se produit la Guerre des Six Jours. C'est le troisième round de la confrontation armée entre l'État hébreu et les pays arabes et, paradoxalement, le premier où les protagonistes prennent pleinement la mesure de l'adversaire. Le conflit de 1948 pour les Égyptiens n'est qu'une parenthèse dans leur lutte antibritannique. La défaite en Palestine est mise sur le compte d'une monarchie en pleine déliquescence et sur l'ambassade britannique au Caire. En 1956, l'expédition de Suez ancre Israël, pour longtemps, dans le rôle d'instrument de l'impérialisme. Il apparaît plus spoliateur et étranger à la région que jamais. D'autant que si les troupes françaises et anglaises sont visibles par les habitants des villes du Canal et du Delta, l'armée d'Israël est loin dans le Sinaï, impalpable, « mythique ».

Survient la guerre-éclair de 1967. Israéliens et Arabes occupent seuls le devant de la scène. Nasser a mis quinze ans pour équiper son armée. L'heure de la confrontation arrive. Le monde arabe va arracher ce corps étranger de la terre d'Islam, qu'il s'était octroyée de force. L'affront de 1948 va enfin être lavé. Quant au Maghreb, il découvre, après la guerre d'Algérie, une nouvelle incarnation de l'impérialisme occidental dans l'État hébreu. Comme l'affirme Mahmoud Hussein dans *Arabes, Israéliens, un premier dialogue : « Ce n'est qu'en 1967 que prend corps un sentiment arabe commun global »* [64]. Les pays du Maghreb s'engagent non seulement diplomatiquement contre Israël, mais le Maroc et l'Algérie se disent prêts à envoyer des contingents militaires combattre l'État hébreu. L'Égypte abandonne sa politique de déstabilisation à l'encontre des régimes *« réactionnaires »* pour rassembler le monde arabe derrière une cause commune. C'est, malgré la persistance des dissensions, l'union sacrée.

La défaite amène le sentiment d'une humiliation écrasante ressentie par tous les Arabes. Si certains se réjouissent pour des raisons tactiques du revers de Nasser, il n'en demeure pas moins qu'Israël, ce minuscule État, fruit de l'impérialisme qui ne représentait rien par lui-même, a défait à lui seul les armées de la ligne de front. Le monde arabe qui sort la tête haute des années de luttes de décolonisation, se voit violemment confronté à la réémergence d'un passé qu'il croyait définitivement enfoui. Sur le terrain des émotions et des sentiments, Israël renvoie aux Arabes l'image de leur faiblesse, de leur division, d'une propagande fanfaronne qui les a ridiculisés. Israël apparaît comme le nouvel obstacle à leur dignité, à leur émancipation. Jusque-là, il était l'ennemi mythique, abstrait, un monstre d'autant plus menaçant qu'il était mal perçu, une créature étrangère, malfaisante. Il était davantage une réminiscence douloureuse qu'un adversaire. La Guerre des Six Jours le rend tangible, concret, existant pour lui-même. Elle transforme ce véritable épouvantail de l'impérialisme, ce phantasme avec lequel jouait le monde arabe en ennemi. Israël sort du domaine de l'imaginaire pour s'inscrire dans l'ordre de la menace stratégique. Reconnu comme adversaire, il est devenu réel.

Le syndrome d'Auschwitz

Si pour la majorité des Arabes avant 1967, Israël n'est qu'un État-fantoche de l'impérialisme, une créature artificielle implantée par la ruse et la violence au sein du monde islamique, les Israéliens perçoivent leur État comme la rectification d'une injustice historique. L'État hébreu est la juste compensation des souffrances que l'Histoire a infligées au peuple juif. Bien que la majorité des Israéliens provienne du monde arabe, le cadre de référence et le système de valeurs de leur société ne sont pas inscrits dans les turpitudes du Moyen-Orient, mais dans le contexte de l'Europe centrale. Ashkenazes ou Sepharades, les Israéliens portent dans leur conscience collective, quand ce n'est pas dans leur chair, le souvenir des pogroms et des atrocités nazies. Si les Arabes sont marqués au fer rouge du colonialisme, les Israéliens n'en sont pas moins marqués par les atrocités du passé. Ni l'horreur de la *shoah* (l'extermination des Juifs sous le troisième Reich), ni les brimades antisémites dans les pays arabes ne doivent être vaines. Comme l'écrit un participant au dossier des *Temps Modernes* en mai 1967, elle légitimise, parmi d'autres éléments, l'existence d'Israël : « ... [la shoah] *explique le désir des Juifs de fonder un pays bien à eux. Il serait donc injuste de ne pas prendre en considération cette aspiration légitime et d'en interdire la réalisation au peuple juif.* »

Source de droits, la shoah est aussi source de devoirs et d'obligations : « *Les six millions de victimes nous interdisent d'oublier, mais doivent permettre à l'histoire de ne pas se renouveler impunément. Il n'y a pas là un romantisme politique, mais une conscience obsessionnelle du passé* » [65], ainsi que l'écrit Ephraïm Tari. L'expérience montre qu'à l'exception de quelques individus courageux, de quelques « *justes* », nul n'a levé le petit doigt pour sauver les Juifs de la « *solution finale* » mise en œuvre par les hitlériens et leurs alliés. À cette triste réalité, faite au mieux d'indifférence et au pire de collaboration avec les nazis, les Israéliens opposent un « *jamais plus* ». Mais la peste nazie n'est pas seule en cause dans le naufrage de la diaspora européenne. Elle révèle les limites de l'assimilation et borne à sa manière, l'incapacité du socialisme et des démocraties à fournir une réponse satisfaisante à la « question juive ». Shmouel Ettinger observe : « *Aucun régime politique ou social n'avait pu garantir l'égalité et la sécurité des Juifs. Au nom de la liberté de parole, les démocraties autorisaient la propagande et les publications antisémites (...) Même les régimes socialistes n'ont pas réussi à liquider cette plaie du racisme. En Russie, après vingt ans d'égalité légale et de lutte officielle contre l'antisémitisme, Staline n'a pas hésité, pour atteindre ses buts politiques, à recourir à l'antisémitisme le plus bas, à exécuter des écrivains et des intellectuels juifs, à monter l'infâme complot des blouses blanches* » [66]. Le peuple juif, comme le monde arabe, ont donc une revanche à prendre sur l'histoire, qui les a longtemps spoliés de leurs droits, et profondément humiliés. Comme le nationalisme arabe, le sionisme est une réponse à la souffrance et à la domination. Le Juif était perçu comme un être incapable de travailler la terre, comme un être lâche et veule. Il sera paysan et soldat. L'État d'Israël lui a redressé la nuque.

Ce prisme juif, hanté par le syndrome d'Auschwitz, conditionne la vision du monde de la société israélienne. Les points cardinaux de cette géographie intellectuelle et sensible en sont respectivement, les dimensions religieuse, (les racines juives en Palestine aux temps bibliques), mystique (le sens messianique, l'attachement à la terre sacrée), historique (l'antisémitisme chrétien, la shoah) et politique (Israël, bastion du peuple juif, et la diaspora, son seul véritable allié). C'est à travers ce prisme, où l'autre, le non-Juif, est perçu sous la forme de l'ennemi, du bourreau potentiel, que s'inscrit le conflit israélo-arabe. Une répercussion directe de cette représentation manichéiste du monde fait des Arabes, un groupe monolithique, homogène, doué d'une haine implacable envers l'État juif. La propagande des radios du Caire, de Damas et de Bagdad ne fait que conforter les Israéliens dans leur perception.

Quant à la population autochtone non-juive de Palestine, elle n'existe pas vraiment. Le slogan de Zangwill « *une terre sans peuple à un peuple sans terre* », tient lieu de vérité première. Le philosophe Martin Buber raconte que Max Nordau, entendant parler pour la première fois de l'existence d'une population arabe en Palestine, courut trouver Herzl et s'écria : « *Je ne savais pas cela, mais alors nous commettons une injustice !* » En fin de compte, c'est la myopie morale des Juifs à l'égard de leurs voisins arabes qui l'emporte. Le sionisme voulait le bien : obtenir réparation des souffrances infligées aux Juifs. Mais ses bonnes intentions ne tenaient pas compte des droits des Palestiniens. Sans doute, ne pouvait-il en être autrement. Le nationalisme juif ne pouvait se constituer que contre le nationalisme palestinien. Ce sera la tragédie du conflit : sur cet espace minuscule, bordé par les lieux symboliques d'une mer Morte et d'un Mur des Lamentations, la victoire d'un mouvement de libération nationale signifie l'exclusion de l'autre. A raison, Harkaby écrit en 1967 : « *Le fait que le pays auquel aspirait le sionisme était occupé par un peuple étranger, à ce problème le sionisme ne pouvait pas proposer de solution, mais il continuera longtemps à en porter le poids* »[67].

D'autant que les Arabes se déclarent toujours opposés au plan de partage des Nations unies du 29 novembre 1947, qui divisait la Palestine en deux Etats, l'un juif l'autre arabe. Dès l'annonce le 14 mai 1948, de la création du nouvel Etat d'Israël, les armées arabes avaient vainement livré de furieux combats pour l'anéantir. Battus militairement, les Arabes renforcent progressivement leurs positions dans les enceintes internationales. Au début des années soixante, le vote combiné des non-alignés et des pays islamiques rend impossible le passage d'une résolution favorable à Israël, à l'Assemblée générale des Nations unies. L'écart démographique entre les États arabes et Israël ne cesse de croître. La sécurité d'Israël est un cauchemar stratégique et exige, de surcroît, le soutien d'au moins une grande puissance pour les livraisons de matériel de guerre. Israël se sent totalement isolé et menacé. Avant, le Juif se sentait le paria des hommes, maintenant Israël est devenu le Juif des nations. Face à cette perception angoissée, catastrophiste des relations entre les hommes, la propagande arabe, d'une violence parfois inouïe, semble donner raison à ceux qui tiennent le langage de la fermeté. Les cris de mort qui émanent du monde arabe, renforcent la population dans sa conviction : vaincre ou être passée au fil de l'épée. Cette réalité dure, rigide, sur une période prolongée, suscite et ossifie une vision du monde d'autant plus immuable et limite les possibilités d'entrevoir une issue pacifique du conflit.

Avant la Guerre des Six Jours, la perception de l'Arabe peut schématiquement être divisée en quatre courants :

Le « ***bubérisme*** » (d'après Martin Buber) vise à une réconciliation avec les Arabes. Le philosophe d'origine allemande tente pendant ses années en Palestine et en Israël de rapprocher le peuple juif et le peuple arabe. Considérant que le judaïsme est une religion basée sur de hautes valeurs morales, le sionisme ne peut commettre en son nom une injustice sans en payer le prix. Israël, pense-t-il, se doit de réparer les actes immoraux commis contre les Arabes. Cette vision morale du conflit casse le mur d'invisibilité et d'indifférence qui avait été dressé contre les revendications des Arabes de Palestine. Elle prône la voie des concessions pour réparer le tort infligé aux autochtones non-Juifs. « *Quand nous sommes retournés sur notre Terre, après plusieurs centaines d'années, nous nous sommes comportés comme si elle était vide de ses habitants, non, pire que cela, comme si la population que nous rencontrions ne nous concernait pas, comme si nous ne devions pas la prendre en compte...* » [68]. Ce courant très minoritaire, est essentiellement actif dans les universités, dans certaines revues comme *New Outlook*, au *Mapam* (parti socialiste) et au *Rakah* (parti communiste). Certains leur reprochent un complexe de supériorité face aux Arabes, puisqu'ils ramènent leurs cris de haine au rang de bavardages insipides et démagogiques, sacrifiant la dureté des faits, c'est-à-dire la volonté affichée des Arabes de détruire Israël, à leur aspiration pacifiste.

Le « ***weizmannisme*** » (du nom de Haïm Weizmann, premier président israélien) est une approche pragmatique du différend israélo-arabe. Ce conflit, constatent les tenants de cette approche, n'échappe pas aux règles générales des relations internationales. Il faut solutionner le conflit par une recherche rationnelle de solutions modérées. Au sein du gouvernement de Lévi Eshkol, Abba Eban est la figure de proue de ce courant « conciliateur ». De formation orientaliste, le ministre israélien des Affaires étrangères conçoit un Moyen-Orient pluraliste, multinational, multiculturel. Il s'érige contre les partisans inconditionnels de la fermeté. « *Des idées comme 'les Arabes ne comprennent que le langage de la force' sont fondamentalement fausses*, affirme-t-il. *En tant que Juifs, nous devons être sensibles à toute typologie nationale, à toute tentative de donner à un peuple entier une apparence négative. C'est notre devoir d'éduquer la jeunesse dans une attitude de respect pour cette récusion et cette culture...* » [69]. De même, Nahum Goldmann, le président du Congrès juif mondial estime « *qu'Israël doit comprendre qu'il ne peut vivre éternellement comme un bastion fortifié au milieu d'un océan de plusieurs millions d'Arabes hostiles* » [70].

À l'opposé du bubérisme se trouve le ***« bengourionisme »***. Pour l'homme à la crinière blanche, l'un des pères fondateurs de l'État d'Israël, l'attitude face aux Arabes procède d'un axiome : nous, Juifs, avons été persécutés pendant des milliers d'années, nous avons réussi à recouvrer une partie de notre terre historique. Mais les Arabes, au lieu de nous recevoir en cousins, ont voulu nous confiner dans un nouveau ghetto. Après Hitler, Eichmann, voilà Nasser et Choukeiry, qui veulent nous détruire. Les Arabes sont incapables d'accepter la cœxistence pacifique, Israël doit donc leur parler le langage de la force. Devant le caractère indestructible de l'État hébreu, ils finiront par renoncer à leur entreprise meurtrière et se plieront à la réalité. C'est le courant majoritaire dans les années qui précèdent la Guerre des Six Jours.

La ***tendance nationalo-mystique*** : cette position se fonde sur le droit historique qui lie les Juifs à la terre d'Israël. Ce lien est unique, comme le signifie le Seigneur à Abraham : *« Va-t-en de ton pays, de ta patrie et de la maison de ton père et va vers le pays que je te montrerai »* (Genèse, 12,1). *« Je te donnerai la terre de Canaan comme part de ton héritage. »* Le peuple juif a des droits sur la terre d'Israël. Pas un droit de propriétaire, où un contrat attribue au paysan la possession d'une superficie cultivable, mais un droit qui découle d'une relation unique, d'un lien spirituel entre une terre sacrée et un peuple, son peuple. Ce n'est pas l'amour de la mère patrie. C'est au-delà. Dans cet espace indicible qui soude à jamais le peuple juif à la terre d'Israël. Loin d'elle, il n'y a que l'exil, une forme amputée de la vie, le sentiment de l'incomplétude, de l'infirmité, d'atteinte à son intégrité physique et spirituelle.

Le succès des Juifs à coloniser la terre, à faire de son *« désert un Eden et de sa steppe un jardin semblable à celui du Seigneur »* (Isaïe, 51,3), a été regardé, même par les matérialistes convaincus, à travers un halo de références bibliques. Zwi Werblowsky observe que *« si la terre refleurit, ce n'est pas seulement le résultat d'un effort héroïque et désintéressé pour transformer des marais paludéens et pour irriguer le désert, c'est plutôt, conformément à la mystique juive traditionnelle, la réponse de la Belle au Bois Dormant au Prince, qui est enfin venu la faire revivre par son baiser »* [71]. La reconstruction du pays est signe d'une relation antérieure, immémoriale. Elle confirme ce lien spécifique, même si elle ne le crée point. Il s'ensuit que tout le pays d'Israël doit revenir au peuple élu. L'expansion territoriale, la vision grandiose d'un Israël agrandi, n'est que la réalisation de la promesse divine.

Quant aux Arabes, il ne leur reste plus qu'à reconnaître la supériorité des droits juifs et par conséquent renoncer à la terre d'Israël. Le monde islamique occupe des étendues énormes, sans aucune mesure avec cette terre minuscule, qui parle tant aux Juifs. C'est peut-être injuste pour la population non-juive de Palestine, admettent certains nationalistes, mais l'injustice serait infiniment supérieure si les Juifs venaient à être privés de cette portion congrue de territoire, de cette « brebis du pauvre ».

Le soulagement

Survient la crise politique de la fin mai et des premiers jours de juin 1967. Dans le défoulement de la propagande arabe, les Israéliens voient se profiler le spectre de leur destruction. Ils mesurent le danger à la tragédie survenue aux Juifs d'Europe, vingt-cinq ans plus tôt. Les Arabes apparaissent comme une réincarnation des nazis, et Nasser, leur chef charismatique, ce tribun qui harangue les foules, un Hitler en puissance. Un étau de mort se resserre autour des rescapés des camps de concentration et un nouvel Auschwitz se prépare. Le sentiment d'insécurité est partagé par toute la population israélienne. Ce cauchemar stratégique se traduit, dans les semaines qui précèdent les hostilités de juin 1967, par un sentiment de solitude extrême qui génère une attente angoissée. Abba Eban constate : « *En jetant un regard autour de moi, je voyais le monde divisé en deux camps, l'un souhaitait nous anéantir et l'autre n'entendait pas lever le petit doigt pour l'en empêcher.* » L'homme qui tient les rênes de la défense du pays affirme que l'État juif, par sa position géostratégique, est un cas singulier dans l'histoire des relations inter-étatiques : « *Il n'y a pas d'État dont l'existence soit menacée d'une manière si persistante par ses voisins (...) aussi vulnérable dans la configuration de ses frontières.* » De plus, ajoute Moché Dayan, « *Israël n'est intégré dans aucune alliance, ni ne possède aucune garantie, le recours à la charte des Nations unies est une protection incertaine...* » [72]. Dans les heures sombres du début juin, plus seule mais plus déterminée que jamais, la population israélienne s'apprête à aller à la rencontre de son destin.

L'attaque-surprise du 5 juin est vécue comme une délivrance. L'angoisse immédiate jusque-là palpable, du danger physique est dissipée. Armée d'une morale vertueuse, du sentiment que cette guerre imposée de l'extérieur est du domaine de la légitime défense, la population raidit, durcit son attitude. Puisque la guerre est « *juste* », pensent beaucoup d'Israéliens, les conquêtes territoriales le sont aussi. Hussein n'a qu'à s'en prendre à lui-même s'il perd Jérusalem et la Cisjordanie. C'est lui qui a voulu la guerre et non les Israéliens. La population de l'État hébreu réalise qu'elle a échappé à un terrible danger. Elle jouit du répit qu'offre la victoire. Après des années de crise économique, après avoir été menacée d'extinction, elle sent qu'elle peut se relâcher, s'abandonner enfin aux délices du consummérisme, du bien-être matériel, de la croissance économique.

Sitôt les hostilités finies, une vague d'enthousiasme déferle sur l'opinion publique unanime. Jérusalem en est la cause. Après dix-neuf siècles d'exil, les Juifs se rendent à nouveau maîtres des Lieux saints, du Mur des Lamentations, derniers vestiges du Temple du roi Salomon. Même pour les laïcs, la vieille ville de Jérusalem n'a pas été « *occupée* » par les forces israéliennes, mais « *libérée* ». Jérusalem est au cœur de la tradition mosaïque, le centre de la culture, de la religion, de la nation juive. Pendant des siècles, les religieux ont psalmodié : « *Si je t'oublie, ô Jérusalem, que ma main droite s'atro-*

phie, que ma langue s'attache à mon palais... » À chaque Pâque, les Juifs ont prié pour être *« l'an prochain à Jérusalem »*. Jusqu'à la Guerre des Six Jours, la ville sainte n'étaient aux yeux des Israéliens qu'un désir abstrait. Le 7 juin 1967, les parachutistes *« délivrent »* la ville porteuse de tant de symboles. Les Israéliens ne la lâcheront plus comme en 1948, où elle était tombée aux mains des Jordaniens. Devant la joie de tout un peuple, le gouvernement lui-même est emporté. Sans délai, il annexe Jérusalem-est, réunifiant ainsi la partie arabe et la partie juive, faisant de la ville sainte, la capitale de l'État hébreu.

Deux visions d'Israël

Reste que le pays a conquis un territoire quatre fois supérieur à sa taille du 5 juin au matin, peuplé de centaines de milliers de Palestiniens. Que faire de ce formidable et encombrant « butin de guerre » ? L'heure des choix décisifs est arrivée : quel pays veut-on ? L'État dans les frontières de 1948, ou un grand Israël (dont la nouvelle superficie serait toujours inférieure à celle de la Suisse), qui remplirait *la « mission »* impartie au peuple du Livre ?

Deux conceptions de l'État s'opposent. Ceux qui veulent un Israël démocratique, laïque, *« moderne »*, dont l'objectif premier doit être la recherche de la paix et de la sécurité avec ses voisins. Ce courant rassemble les *« réalistes »*, regroupés autour du parti travailliste, c'est-à-dire ceux qui font primer les faits sur l'idéologie. Se divisant sommairement en colombes et en faucons, ils sont à des degrés divers, prêts à faire des concessions territoriales en échange de la paix. Mais le parti travailliste, émanation directe du mouvement sioniste, commence à être usé par les années de pouvoir. Il a largement accompli sa tâche. Son messianisme est devenu réalité : Israël existe et la sécurité de l'État semble assurée. Sa réussite même fait qu'il se concentre plus sur la gestion du quotidien qu'il ne postule une vision d'avenir. La majeure partie de l'électorat a beau lui conserver sa fidélité, ses thèmes ne sont plus aussi mobilisateurs que par le passé. Ce désenchantement à l'égard du socialisme, cette impression de vide idéologique facilitent la montée en force du courant mystique et nationaliste.

La guerre de juin donne une nouvelle vigueur aux partisans du Grand Israël. Les annexionnistes entendent rétablir l'intégrité de la patrie juive, telle qu'elle a été déterminée par la Bible. Ils sont plus intéressés par la Cisjordanie, l'antique Judée et Samarie, la patrie historique du peuple juif, que par le désert de Sinaï. Nationalistes ou mystiques, ils ne se reconnaissent pas dans l'establishment travailliste. Les premiers, souvent sépharades, ont l'impression d'être les laissés-pour-compte de la société israélienne modelée par l'idéologie et les cadres d'Europe centrale. Les seconds imaginent un autre Israël, digne héritier du peuple du Livre, un Israël plus grand, plus croyant, dégagé des contingences des relations internationales, poursuivant sa destinée inscrite dans la Bible. Ils offrent au peuple israélien une nouvelle frontière, un nouveau rêve. Défenseurs acharnés du Grand Israël, ils considèrent avec le *« mouvement pour le pays d'Israël »* (Land of Israel Mouvement) que leur pays est indivisible et que nul gouvernement israélien n'a le droit de remettre cette unité en question.

Dès le mois de septembre 1967, rassemblés en groupes de pression, les partisans du Grand Israël poussent le gouvernement à décréter l'annexion de la Judée et de la Samarie, voire même du Sinaï. Ils veulent aussi consolider la présence israélienne dans les territoires par une politique active d'implantation de colonies de peuplement. Selon eux, le déséquilibre démographique entre Juifs et Arabes sera réglé facilement : en nombre, les Palestiniens émigreront. Quant aux autres, ceux qui resteront, ils joueront pleinement le jeu de la coopération avec Israël.

La Guerre des Six Jours fouette donc et « *légitimise* » les sentiments politico-religieux des nationalistes. L'annexion de Jérusalem, cette appropriation « charnelle » de la vieille ville, pave la voie à une résurgence du mysticisme, à une réaffirmation juive, non plus sous la forme du sionisme, mais sous la forme d'un nationalisme rigide et intransigeant. La victoire même est jugée comme un fait presque miraculeux, comme une confirmation quasiment divine du droit à l'existence d'Israël. La victoire de l'armée juive n'est pas seulement la conséquence d'une supériorité militaire, mais aussi le fruit d'une supériorité morale. Cette conception nationaliste implique un orgueil certain, qui a pour effet de déprécier d'autant les Arabes. Elle force le trait pour mettre en évidence les points faibles de ceux-ci, leur manque d'unité, de réussite économique, le fossé entre leurs actes et leurs paroles. Ces nationalistes et ces mystiques sentent devant eux la plénitude du destin du peuple juif à accomplir.

La Guerre des Six Jours est donc bien loin d'amener les Israéliens à définir la nature des liens qui unissent le judaïsme à Israël. Etat théocratique ou non ? Avec quelles frontières ? Le pays est divisé : deux visions du devenir d'Israël s'affrontent, deux lectures antagonistes de l'espace s'opposent. Le mode de scrutin électoral est tel qu'il empêche une réponse claire d'émerger : tous les gouvernements travaillistes ont été élus avec l'appoint des voix des partis religieux. Paradoxalement, après avoir si profondément souffert du refus arabe, la chance de l'État hébreu réside peut-être dans ce refus même : tant que Le Caire, Amman et Damas refuseront le droit à l'existence d'Israël, celui-ci pourra se camoufler à bon droit derrière des impératifs de défense nationale pour n'avoir pas à trancher sur la nature même de l'État hébreu et sur le futur des territoires conquis. L'hégémonie du « complexe de sécurité » implique qu'Israël ne « *rende pas un pouce* » des territoires tant que le camp arabe n'aura pas reconnu l'État juif. En attendant, cette attitude qui conduit à une pétrification des positions, fait le jeu des partisans du Grand Israël. Chaque jour qui passe rend la restitution des territoires à l'ennemi plus difficile à envisager. La politique de peuplement qui se met en œuvre à Jérusalem et en Cisjordanie modèle le nouveau visage d'Israël. Les Arabes s'insurgent contre cette politique de faits accomplis. Sur le fond, la guerre de juin n'a rien résolu et les espoirs de négociation semblent décidément bien chimériques.

BILAN

Le Moyen-Orient est encore une fois à la croisée des chemins : le soulèvement palestinien — l'intifada — qui éclate 20 ans après la Guerre des Six Jours dessine en filigrane l'image d'une nouvelle carte régionale. Qui aurait pu prévoir ce retournement ? Qui aurait pu imaginer que sur les bris mêmes d'une insolente victoire qui sauve l'État hébreu de la destruction imminente, surgirait un peuple qui revendiquerait à son tour et avec une détermination croissante, sa soif d'indépendance ? Certes, tous les signes étaient là, mais rares étaient ceux, lucides, qui voyaient émerger avec une telle vigueur l'identité palestinienne. Les uns, sortis de l'angoisse de l'extermination, s'abandonnaient à l'euphorie de la victoire, et les autres, traumatisés par une défaite sans appel, ne voyaient dans les exigences palestiniennes, qu'un vœu pieux et lointain. Même la célèbre résolution 242 des Nations unies réduisait la question palestinienne à une simple affaire de « réfugiés. »

Là réside sans doute une partie du drame moyen-oriental. Dans ce télescopage brutal entre deux peuples marqués au fer rouge de l'Histoire, dans ces six jours de juin 1967, à la faveur desquels l'État hébreu, devenu puissance régionale et assuré faussement de son invincibilité militaire, se complaît dans le mythe de «*l'occupation douce*» sans réaliser que la présence de ses soldats est le vecteur même des aspirations nationales palestiniennes.

Comment ne pas comprendre la fierté israélienne et l'humiliation arabe, mais comment ne pas regretter l'intransigeance qui en découle? Comment taire aussi les responsabilités des grandes puissances? Elles ont par intérêt et par maladresse contribué à faire exploser la poudrière moyen-orientale au matin du 5 juin 1967, puis n'ont cessé d'alimenter militairement les protagonistes, afin d'avancer leurs pions. Comment encore séparer ce conflit, de l'incroyable charge émotionnelle qu'il véhicule?

Avec le troisième round du conflit israélo-arabe, la confrontation change d'axe: le refus arabe de reconnaître l'État hébreu est supplanté par le refus israélien de reconnaître le droit à l'auto-détermination des Palestiniens. Cette transformation de la nature même du conflit s'accompagne d'une mutation profonde des mentalités. Au spectre du colonialisme, cauchemar de l'Arabe, s'opposait le syndrome d'Auschwitz, traumatisme du Juif. La guerre de juin casse ce jeu de projections et l'adversaire, qui portait jusque-là le masque de Satan, gagne en réalité.

Entre le 5 juin 1967 et la «*révolution des pierres*», vingt ans se sont écoulés. D'innombrables conflits ont eu lieu: la guerre jordano-palestinienne de 1970, la guerre israélo-arabe de 1973, la guerre civile libano-palestinienne entamée en 1975 et qui dure encore. La solitude d'Israël s'est faite plus lourde. La résolution qu'adopte le 10 novembre 1975 l'Assemblée générale des Nations unies, assimile «*le sionisme à une forme de racisme*». C'est la première fois que l'Organisation internationale condamne en de tels termes, un mouvement d'émancipation nationale, et les critiques fusent contre «l'hypocrisie» de la communauté des nations. Les accords de Camp David avec l'Egypte en 1978 et le voyage du président Sadate à Jérusalem qui ouvrent le chemin à une «*paix froide*» entre les deux pays, ne constituent qu'une éclaircie dans l'isolement d'Israël.

Dans les territoires occupés, les dirigeants de l'État hébreu pensaient que la conjonction du développement économique et de la répression ferait taire les aspirations nationales. Ils se trompaient lourdement : depuis la guerre des Six Jours et même avant, contre la mainmise jordanienne et égyptienne, des forces diffuses étaient à l'œuvre pour qu'humiliés et meurtris, les Palestiniens de Cisjordanie et de Gaza revendiquent avec force, l'espace dans lequel se déployait leur mémoire. En propageant le cri de la révolte, en cristallisant mois après mois le refus de l'occupation israélienne, en articulant sur ce sentiment d'exaspération un mouvement de mieux en mieux organisé, l'intifada, qui commence en décembre 1987, pose en des termes nouveaux et dramatiques, la question du devenir de la Palestine et en creux de l'État hébreu. Ce n'est pas le moindre des paradoxes que de voir une révolte d'adolescents être plus effective que des centaines d'attentats aveugles conduits par des professionnels de la guérilla. Et ce n'est sans doute pas un hasard, si ces adolescents constituent la première génération à être née après la guerre de juin 1967. De l'éducation dont se félicitaient les nouveaux occupants, ils ont retenu les idées séditieuses. En proclamant dans le cercle circonscrit d'une violence mesurée, le refus de la spoliation de leur terre, la jeunesse de Cisjordanie et de Gaza a bousculé les appareils politiques palestiniens et israéliens. Plus que cela, elle a montré le visage inexpugnable du sentiment national.

Après onze mois de troubles permanents, la réponse

de l'OLP a été de s'adosser à l'intifada, pour explorer les options politiques. Le 15 novembre 1988, la centrale palestinienne accepte la résolution 242 des Nations unies du 22 novembre 1967. Après des années d'irréalisme politique, la centrale palestinienne délaisse son vieux rêve de «*retour à Jaffa*» et reconnaît implicitement Israël, dans des frontières encores floues. Dans la foulée, Yasser Arafat proclame à Alger, la création théorique d'un État palestinien. Le 14 décembre 1988 à Genève, le leader de l'OLP affirme clairement «*reconnaître le droit d'Israël à vivre en paix et en sécurité*» et «*renoncer totalement au terrorisme*». Les concessions de l'OLP satisfont les Américains qui entament «*un dialogue substantiel*» avec elle. Le chef de la centrale palestinienne n'apparaît plus comme un terroriste sanguinaire, mais comme un futur chef de gouvernement avec qui il faut désormais traiter. De toutes parts, les pressions montent afin d'engager Israël dans la voie de la négociation, mais elles se heurtent à l'ossification, si ce n'est à la sclérose provoquée par les années de refus arabe et d'irréalisme palestinien. Plus de vingt ans d'occupation de la Cisjordanie et de Gaza ont créé un nouvel Israël, dont le rétrécissement ne saurait se concevoir sans un déchirement tragique.

La répression violente de l'intifada a fait fondre le capital de sympathie dont les Israéliens jouissaient encore. Les violations des droits de l'homme, dénoncées par le Comité International de la Croix-Rouge et montrées sur les écrans de télévision, ont isolé davantage Israël sur la scène internationale. L'opinion publique occidentale ne reconnaît plus le fragile État juif qui en juin 1967 luttait pour sa survie, encerclé par une marée d'ennemis qui célébraient déjà sa mort. Aux yeux du monde, David a changé de camp : il a endossé le keffieh des jeunes Palestiniens en colère qui luttent contre la soldatesque israélienne. Vainement, l'État hébreu a essayé de convaincre ses traditionnels amis qu'il était engagé dans un combat vital. La bataille médiatique définitivement perdue, les responsables israéliens se reposent désormais sur une seule certitude que le monde entier partage avec eux : possédant le pouvoir que confère la force, ils détiennent plus que toute autre partie, la clef du règlement pacifique du conflit.

L'intifada a brisé le mythe de « *l'occupation douce* » et démontré que contre l'irrédentisme palestinien, l'espoir d'une solution militaire relevait du monde des illusions et « *du sacrifice de la conscience* ». Elle a contraint la classe politique israélienne à envisager de nouvelles options, hier encore rejetées : en dépit de l'intransigeance affichée du gouvernement, la perspective de contacts directs entre l'OLP et le gouvernement israélien ne relève plus du tabou absolu. Cette évolution s'accompagne d'un climat de détente internationale. Entre les grandes puissances, l'ère de la conciliation s'est progressivement substituée à l'ère de la confrontation. Dans cette configuration nouvelle, la persistance du conflit israélo-arabe tend à devenir un anachronisme, un obstacle dans la construction d'un monde qui a tourné la page de la guerre froide.

Selon Yasser Arafat, l'indépendance du futur État palestinien ne se trouve plus qu'à « *un jet de pierre* ». Mais quel État ? Celui qui s'étendrait sur les « *territoires occupés* », c'est-à-dire sur un mouchoir de poche de 5 850 km^2, soit une superficie égale à un centième du territoire français, dont les deux provinces, la Cisjordanie et Gaza, seraient de surcroît séparées par une bande israélienne de 50 kilomètres ? Pour la majorité des Israéliens, la perspective de voir près de 2 millions de Palestiniens sur un territoire aussi exigu, dont la seule richesse serait son armée, équivaudrait à une menace de mort. De surcroît, les 800 000 Arabes israéliens, qui vivent malaisément leur double identité, ne resteraient pas indifférents au spectacle d'une confrontation armée entre leur frères palestiniens et l'État sioniste, qui se jouerait à leurs portes. Une Confédération jordano-palestinienne ? Ni l'OLP ni le royaume hachémite n'y sont en principe opposés et de plus en plus d'Israéliens considèrent que c'est la seule option politique viable. Encore faudrait-il selon eux, que le gouvernement israélien ait reçu toutes les assurances sur la sécurité de l'État hébreu pour se décider à risquer le pari de la paix, tout en n'ignorant pas que la Syrie, qui revendique la souveraineté sur la Cisjordanie, «*sa province du Sud*», tentera vraisemblablement d'enrayer ce processus politique. Reste l'épineuse question de Jérusalem, le symbole même du conflit israélo-arabe, dont nul n'imagine encore quel compromis serait de nature à satisfaire le partage d'une ville portant en son sein une telle charge passionnelle. L'internationalisation des Lieux saints serait-elle suffisante pour combler les aspirations palestiniennes sans exaspérer les nationalistes juifs ? On le voit, la marche vers un règlement pacifique du conflit est semée d'embûches et risque à tout moment de déraper dans la violence. Les extrémistes s'emploieront à faire échouer toute solution négociée. Reste que l'intifada a démontré de manière irréversible la soif d'indépendance de tout un peuple. Fruit amer de la guerre des Six Jours, le soulèvement palestinien saura-t-il insuffler l'art du réalisme et du compromis aux Israéliens ?

RÉFÉRENCES

Les références renvoient à la bibliographie.

[1] Bar-Zohar, p. 9
[2] *Middle East Record*, 1967, p. 190.
[3] *Idem*, p. 191.
[4] Yost, p. 315.
[5] Cité par Zeev Schiff et Eliahu Ben Elissar, p. 74.
[6] *Pravda* du 24 mai 1967, cité par Carrère d'Encausse, P. 184.
[7] Fontaine, p. 296.
[8] Abba Eban, p. 209.
[9] Schiff, p. 97.
[10] *Idem*, p. 96.
[11] *Idem*, p. 97.
[12] *Idem*, p. 101.
[13] *Middle East Record*, 1967, p. 201.
[14] Abba Eban, p. 214.
[15] Bar-Zohar, p. 264.
[16] *Middle East Record*, p. 223.
[17] *Bar-Zohar*, p. 278.
[18] Radio Le Caire 23 novembre, cité par *Middle East Record*, 1967, p. 222.
[19] Johnson, p. 302.
[20] Fontaine, p. 114.
[21] Mac Namara, p. 19.

[22] Schwok, p. 145.
[23] Heykal, p. 38.
[24] Rouleau, Held et Lacouture, p. 123.
[25] Radio Le Caire, 23 novembre.
[26] Heykal, p. 39.
[27] Rouleau, Held, Lacouture, p. 135.
[28] Laqueur, *The road to war*, p. 185.
[29] Aron, p. 63.
[30] Wasjman et Teissedre, p. 47.
[31] *Idem*, p. 54.
[32] *Idem*, p. 54.
[33] *Idem*, p. 124.
[34] *Idem*, p. 126.
[35] Wilson, p. 43.
[36] Aron, p. 26-27.
[37] Wilson, p. 354.
[38] *Les Temps Modernes*, p. 83.
[39] Laqueur, p. 198.
[40] *Les Temps Modernes*, p. 10.
[41] Schwok, p. 135.
[42] Laqueur, p. 188.
[43] Radio Le Caire, 15 mai 1966.
[44] Radio Le Caire, 23 juillet 1967.
[45] *Middle East Record*, p. 259.
[46] Radio Le Caire, 23 juillet 1967.
[47] Lacouture, p. 311.
[48] Radio Le Caire, 31 août 1967.
[49] *Jeune Afrique*, septembre 1968, cité in *Middle East Record*, p. 267.
[50] *Al Ahram*, cité par Radio Le Caire, 15 septembre 1967.
[51] Lacouture, p. 248.
[52] Gresh, p. 33.
[53] Carré, *Septembre noir*, p. 13.
[54] *Nouvel Observateur*, 15 novembre 1970.
[55] Goldmann, p. 58.
[56] *Les Temps Modernes*, p. 255.
[57] *Idem*, p. 105.
[58] *Idem*, p. 155.
[59] *Idem*, p. 344.
[60] Harkabi, p. 61.
[61] *Les Temps Modernes*, p. 106.
[62] *Idem*, p. 366.
[63] Harkaby, p. 32.
[64] Hussein, Friedlander, p. 29.
[65] *Les Temps Modernes*, p. 536.

[66] *Idem*, p. 412.
[67] *Idem*, p. 500.
[68] Brecher, *The foreign policy of Israel*, p. 282.
[69] *Idem*, p. 353.
[70] *Les Temps Modernes*, p. 699.
[71] *Idem*, p. 386.
[72] *Foreign Affairs*, janvier 1955, *Israel's border and security problems.*

ANNEXES

Résolution 234 (7 juin 1967)

Le Conseil de Sécurité,

Notant que, malgré son appel aux gouvernements intéressés pour que, à titre de première étape, ils prennent immédiatement toutes mesures en vue d'un cessez-le-feu immédiat et d'une cessation de toutes activités militaires dans le Proche-Orient, les activités militaires continuent dans la région.

Préoccupé de ce que la continuation des activités militaires risque de créer une situation plus menaçante encore dans cette région,

1. Exige que les gouvernements intéressés, à titre de première étape, cessent le feu et toutes les activités militaires à 20 heures (temps universel) le 7 juin 1967,
2. Demande au secrétaire général de tenir le Conseil promptement et constamment informé de la situation.

Résolution 237 (14 juin 1967)

Le Conseil de Sécurité,

Considérant l'urgente nécessité d'épargner aux populations civiles et aux prisonniers de guerre dans la zone du conflit du Moyen-Orient des souffrances supplémentaires,

Considérant que les droits de l'homme essentiels et inaliénables doivent être respectés même dans les vicissitudes de la guerre,

Considérant que les parties impliquées dans le conflit doivent se conformer à toutes les obligations de la Convention de Genève relative au traitement des prisonniers de guerre, du 12 août 1949.

1. Prie le gouvernement israélien d'assurer la sûreté et la sécurité des habitants des zones où des opérations militaires ont eu lieu et de faciliter le retour des habitants qui se sont enfuis de ces zones depuis le déclenchement des hostilités,

2. Recommande aux gouvernements intéressés de respecter scrupuleusement les principes humanitaires régissant le traitement des prisonniers de guerre et la protection des civils en temps de guerre, tels qu'ils sont énoncés dans les Conventions de Genève du 12 août 1949,

3. Prie le secrétaire général de suivre l'application effective de la présente résolution et de faire rapport au Conseil de Sécurité.

Loi adoptée par la Knesset concernant la protection des Lieux saints (27 juin 1967)

Les Lieux saints seront protégés contre la profanation et contre toute autre violation ainsi que contre tout ce qui serait susceptible de faire obstacle à la liberté d'accès des membres de différentes religions aux lieux qui leur sont sacrés, ou de blesser les sentiments que ces Lieux inspirent.

2.a) Toute personne qui profanera ou violera d'une manière quelconque un Lieu saint est passible d'une peine d'emprisonnement pouvant atteindre sept ans.

2.b) Toute personne qui empêchera par une action quelconque le libre accès des fidèles des différentes religions aux lieux qui leur sont sacrés ou blessera les sentiments que ces Lieux leur inspirent est passible d'une peine d'emprisonnement de cinq ans.

3. Cette loi ne va à l'encontre d'aucune autre loi mais s'ajoute à elle.

4. Le ministre des Cultes est chargé de l'application de cette loi et peut, après consultation avec les représentants des religions concernées, ou à leur instigation, et cela, en accord avec le ministre de la Justice, prendre toutes mesures additionnelles concernant un aspect quelconque de cette application.

5. La présente loi prend effet à la date de son adoption par la Knesset.

(Irène Errera-Hœchastetter, *Le conflit israélo-arabe*, PUF, 1974).

Résolution 253 adoptée par l'Assemblée générale des Nations unies (4 juillet 1967)

L'annexion de Jérusalem résulte d'un vote de la Knesset le 27 juin, complété par une décision gouvernementale le lendemain.

L'Assemblée générale,

Profondément préoccupée par la situation qui existe à Jérusalem du fait des mesures prises par Israël pour modifier le statut de la ville,

1. Considère que ces mesures sont non valides,
2. Demande à Israël de rapporter toutes les mesures déjà prises et de s'abstenir immédiatement de toute action qui changerait le statut de Jérusalem,

3. Prie le secrétaire général de faire rapport à l'Assemblée générale et au Conseil de Sécurité sur la situation et sur la mise en œuvre de la présente résolution une semaine au plus tard après son adoption.

Résolution 242 adoptée à l'unanimité par le Conseil de Sécurité (22 novembre 1967)

Le Conseil de Sécurité,

Exprimant l'inquiétude que continue de lui causer la grave situation au Moyen-Orient,

Soulignant l'inadmissibilité de l'acquisition de territoires par la guerre et la nécessité d'œuvrer pour une paix juste et durable permettant à chaque État de la région de vivre en sécurité,

Soulignant en outre que tous les États membres, en acceptant la Charte des Nations unies, ont contracté l'engagement d'agir conformément à l'article 2 de la Charte,

1. Affirme que l'accomplissement des principes de la Charte exige l'instauration d'une paix juste et durable au Moyen-Orient qui devrait comprendre l'application des deux principes suivants :

A. retrait des forces armées israéliennes de/des territoires occupés lors du récent conflit (*withdrawal of Israel armed forces from territories occupied in the recent conflict)*.

B. cessation de toutes assertions de belligérance ou de tous états de belligérance et respect et reconnaissance de la souveraineté, de l'intégrité territoriale et de l'indépendance politique de chaque État de la région et de leur droit de vivre en paix à l'intérieur de frontières sûres et reconnues à l'abri de menaces ou d'actes de force.

2. Affirme en outre la nécessité

a) de garantir la liberté de navigation sur les voies d'eau internationales de la région,

b) de réaliser un juste règlement du problème des réfugiés,

c) de garantir l'inviolabilité territoriale et l'indépendance politique de chaque État de la région, par des mesures comprenant la création de zones démilitarisées,

3. Prie le secrétaire général de désigner un représentant spécial pour se rendre au Moyen-Orient afin d'y établir et d'y maintenir des rapports avec les États intéressés en vue de favoriser un accord et de seconder les efforts tendant à aboutir à un règlement pacifique et accepté, conformément aux dispositions et aux principes de la présente résolution,

4. Prie le secrétaire général de présenter aussitôt que possible au Conseil de Sécurité un rapport d'activité sur les efforts du représentant spécial.

Résolution adoptée à la Conférence arabe de Khartoum (1er septembre 1967)

1. Le sommet réaffirme l'unité des rangs arabes, l'unité d'action, sa ferme intention de liquider les séquelles de l'agression et l'attachement de tous les pays au pacte de solidarité adopté lors du troisième sommet tenu à Casablanca.

2. Le sommet décide de multiplier les efforts en vue d'effacer les traces de l'agression et proclame que les territoires occupés sont arabes et que la tâche de les récupérer incombe à tous les pays arabes.

3. Les rois et chefs d'État sont d'accord pour unifier leurs efforts sur le plan politique international et diplomatique afin d'effacer les traces de l'agression et d'obtenir le retrait des troupes israéliennes des territoires occupés après le 5 juin. Cette double action sera entreprise sur la base des principes reconnus par tous les États arabes et qui sont : la non-reconnaissance d'Israël, le refus de la reconnaissance de cet État et de la négociation avec lui et la réaffirmation des droits du peuple palestinien sur son pays.

4. La Conférence des ministres arabes des Finances, de

l'Économie et du Pétrole avait recommandé d'utiliser l'arrêt du pompage du pétrole comme arme dans le combat. Mais le sommet, après examen de la question, estime que le pompage du pétrole peut être employé comme arme, le pétrole étant une richesse susceptible de renforcer l'économie des pays arabes qui ont subi l'agression et de leur permettre de résister à l'épreuve.

Aussi la Conférence décide-t-elle la reprise du pompage du pétrole, arme qui peut être utilisée pour la réalisation des objectifs arabes. Les pays producteurs de pétrole ont effectivement aidé les États ayant subi l'agression à résister aux conséquences de celle-ci.

5. Les participants à la Conférence approuvent le projet présenté par le Koweit et prévoyant l'institution d'une caisse de développement économique et social arabe, conformément à la recommandation faite par la Conférence des ministres « économiques » de Bagdad.

6. Le sommet insiste sur la nécessité de prendre les mesures permettant le renforcement du potentiel militaire afin de faire face aux nécessités de l'heure.

7. Le sommet décide de hâter la liquidation des bases étrangères dans le monde arabe.

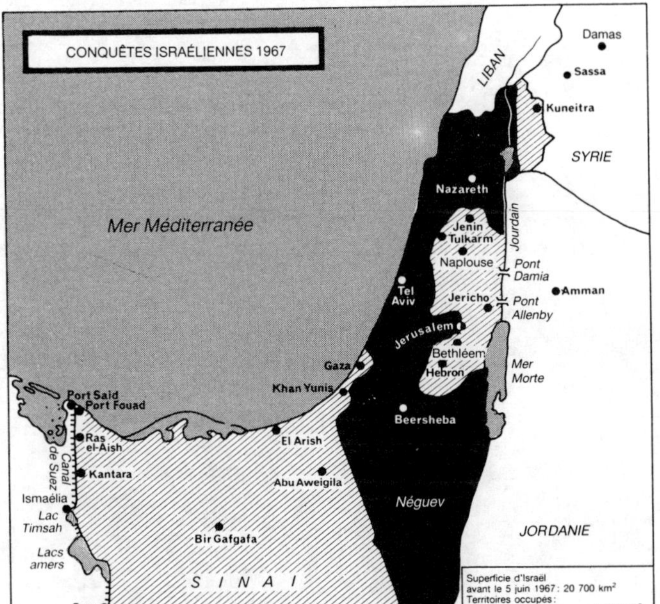

Carte tirée de *The Arab-israeli conflict — Its History in Maps,* par Martin Gilbert, Londres, Weidenfeld and Nicolson, 1974-1976-1979.

CHRONOLOGIE DE L'ANNÉE 1967

La crise politique

7 avril Raid de représailles de l'aviation israélienne sur les faubourgs de Damas. Six Migs syriens sont abattus.

13 mai Les Soviétiques informent Le Caire et Damas que les Israéliens concentrent des troupes sur la frontière syrienne.

14 mai Des unités égyptiennes traversent Le Caire et font mouvement en direction du Sinaï.

16 mai Le chef d'état-major égyptien demande au commandant en chef de la force d'urgence des Nations unies, le général Rykie, d'évacuer « les casques bleus » de leurs retranchements à la frontière et de les regrouper dans leurs bases de la bande de Gaza.

16 mai L'Égypte et la Syrie placent leurs forces en état d'alerte, U Thant déclare au Conseil de sécurité qu'il a ordonné le retrait de la FUNU et que *« la situation est plus menaçante au Moyen-Orient qu'à aucun moment depuis 1956 »*. Les forces israéliennes sont mises en état d'alerte.

21 mai	Les forces égyptiennes remplacent « les casques bleus » à Charm El Cheikh.
22 mai	Blocus dans le détroit de Tiran pour les navires israéliens, ainsi que ceux qui transportent des produits stratégiques à destination d'Israël. Les États-Unis déclarent illégal le blocus du golfe d'Aquaba.
23 mai	Menace d'intervention soviétique.
24 mai	De Gaulle dit à Abban Eban : *« Ne faites pas la guerre ! »*
26 mai	Nasser déclare à l'Union internationale des travailleurs arabes : *« Si Israël commet un acte d'agression quelconque contre la Syrie ou l'Égypte, la lutte contre ce pays sera une lutte totale... et notre objectif fondamental sera la destruction de l'État d'Israël. »* Johnson étudie le projet d'une force de navigation multilatérale qui forcerait le détroit de Tiran.
30 mai	L'Algérie et le Maroc décident d'envoyer des forces militaires au Moyen-Orient. Le roi Hussein signe avec Nasser au Caire un accord de défense. En cas de conflit, l'armée jordanienne passera sous commandement égyptien. Le souverain hachémite se réconcilie avec Choukeiry, président de l'OLP. Lévi Eshkol déclare que la fermeture du détroit de Tiran est un acte d'agression dirigé contre Israël.
1er juin	Formation d'un gouvernement d'union nationale en Israël. Le général Dayan prend le poste de ministre de la Défense et Menahem Begin entre pour la première fois au gouvernement (ministre sans portefeuille).
2 juin	Les États-Unis font savoir à Israël qu'ils n'envisagent pas d'agir directement pour forcer le blocus. De Gaulle annonce un embargo sur les armes à destination du Moyen-Orient, mais qui ne vise en fait que l'État hébreu.

5 juin Attaque-surprise de l'aviation israélienne : 400 avions arabes détruits. Offensive israélienne contre les Égyptiens dans le Sinaï. La Jordanie ouvre le feu contre les Israéliens. L'URSS condamne *« l'agression israélienne »* et demande le retrait de ses troupes sur la frontière du 5 juin au matin. Les États-Unis et la Grande-Bretagne annoncent leur neutralité.

6 juin Poussée des forces israéliennes dans le Sinaï. Les membres du Conseil de Sécurité adoptent à l'unanimité une résolution demandant le cessez-le-feu.

7 juin Les troupes israéliennes s'emparent de Charm El Cheikh et se rapprochent du Canal de Suez. Sur le front jordanien, la vieille ville de Jérusalem est tombée entre leurs mains ainsi que la Cisjordanie. Le Conseil de Sécurité adopte une nouvelle résolution pour un cessez-le-feu immédiat. L'URSS menace de rompre ses relations diplomatiques avec Israël. L'Égypte, la Syrie, l'Irak, l'Algérie, le Yémen et le Soudan rompent leurs relations diplomatiques avec les États-Unis et la Grande-Bretagne.

8 juin L'armée israélienne tient la rive asiatique du Canal de Suez. L'Égypte et la Syrie acceptent le cessez-le-feu.

9 juin Les Israéliens prennent d'assaut les hauteurs du Golan. Nasser démissionne, mais reviendra le lendemain sur sa décision sous la pression populaire.

10 juin Fin des hostilités sur le front syrien et fin de la guerre. Rupture des relations diplomatiques entre Israël et l'Union soviétique, suivie par les autres pays communistes.

15 juin La France annonce qu'elle ne reconnaîtra aucune modification du statu quo territorial imposée par la force des armes.

28 juin Le Parlement israélien vote l'annexion de Jérusalem-Est et garantit la protection et le libre accès des Lieux saints.

29 juin Condamnation par les États-Unis, la France, l'Union soviétique et les pays arabes, de l'annexion unilatérale de la vieille ville de Jérusalem.

1er septembre Conférence de Khartoum, popularisée par les trois « NON » (Non à la reconnaissance, à la négociation et à la paix avec Israël). Absence de la Syrie.

22 novembre Adoption par le Conseil de Sécurité de la résolution 242, acceptée par Israël, l'Égypte et la Jordanie, refusée par la Syrie et l'OLP.

BIBLIOGRAPHIE

Raymond Aron, *De Gaulle, Israël et les juifs*, Paris, Plon, 1968.
Iigal Allon, *Israël : la lutte pour l'espoir*, Paris, Stock, 1977.
Shlomo Avineri, *Histoire de la pensée sioniste, judaïque*, Paris, Lattès, 1981.
Elie Barnavi, *Israël au 20e siècle*, Paris, PUF, 1982.
Elie Barnavi, *Une histoire moderne d'Israël*, Paris, Flammarion, 1988.
Michel Bar-Zohar, *Histoire secrète de la guerre d'Israël*, Paris, Fayard, 1968.
Julien Besançon, *Bazak, la guerre d'Israël*, Paris, Seuil, 1967.
Michael Brecher, *Decisions in Israel's foreign policy*, Londres, Oxford Univ. Press, 1974.
Michael Brecher, *The foreign policy system of Israel, setting, images, process*, Londres, Oxford Univ. Press, 1972.
Winston Burdett, *Encounter with the Middle East*, Londres, Deutsch, 1970.
Olivier Carré, *1970, Septembre noir*, Éditions Complexe, Bruxelles, 1980.
Olivier Carré, *L'idéologie palestinienne de résistance*, Armand Colin, 1972.
Hélène Carrère d'Encausse, *La politique soviétique au Moyen-Orient, 1955-1975*, Paris, Presse de la fondation nationale des sciences politiques, 1975.
Randolph et Winston Churchill, *The Six Days War*, Londres, Heinemmann, 1967.

Georges Corm, *Le Proche-Orient éclaté*, Paris, Maspéro, 1983.

Jean-Pierre Derriennic, *Israël en guerre*, Paris, Fondation nationale des sciences politiques, 1975.

Jean-Pierre Dierriennic, *Le Moyen-Orient au 20e siècle*, Paris, Colin, 1981.

Trevor Dupuy, *Elusive victory, the Arab-Israeli wars*, 1947-1974, New-York, Harper and Row, 1978.

Abba Eban, *Mon pays, l'épopée d'Israël moderne*, Paris, Buchet-Chastel, 1975.

Irène Errera-Hœchstetter, *Le conflit israélo-arabe*, Paris, PUF, 1975.

André Fontaine, *Un seul lit pour deux rêves, histoire de la détente, 1962-1981*, Paris, Fayard, 1981.

Saul Friedlander, *Réflexions sur l'avenir d'Israël*, Paris, Seuil, 1969.

Georges Friedmann, *Fin du peuple juif?*, Paris, Gallimard, 1965.

Nahum Goldmann, *Où va Israël?*, Paris, Calmann-Lévy, 1975.

Alain Gresh, *OLP, histoire et stratégies*, Spag-Papyrus, 1983.

Y. Harkabi, *Arab attitudes to Israel*, Jerusalem, Keter publ., 1972.

Y. Harkabi, *Palestine and Israel*, Genève, Éditions de l'Avenir, 1972.

Mohamed Heikal, *Nasser, the Cairo documents*, Londres, New English library, 1971.

Marc Hillel, *Israël en danger de paix*, Paris, Fayard, 1968.

Lyndon Johnson, *The vantage point*, Londres, Weidenfeld, 1972.

Robert Mc Namara, *Prévenir la guerre nucléaire*, Paris, Fayard, 1988.

«*Middle East record 1967*», *The Shiloah Center of Middle Eastern and African Studies*, Tel Aviv University, Israel Universities Press, 1967.

Simon Jargy, *L'Orient déchiré entre l'Est et l'Ouest*, Paris, Labor et Fides, 1986.

Amnon Kapeliouk, *Israël: la fin des mythes*, Paris, Albin Michel, 1975.

Gilles Kepel, *Le prophète et le pharaon*, Paris, La Découverte, 1984.

Groupe de recherches et d'études sur le Proche-Orient, *L'Égypte d'aujourd'hui, permanence et changements 1805-1976*, Paris, CNRS, 1977.

Jean Lacouture, *Nasser*, Paris, Seuil, 1971.

Walter Laqueur, *The Israel-Arab reader*, New-York, Citadel Press, 1968.

Walter Laqueur, *The road to war 1967*, London, Weidenfeld and Nicolson, 1968.

Yehuda Lukacs, *Documents on the Israeli-Palestinian conflict 1967-1983*, Cambridge Univ. Press, 1983.

Victor Malka, *Menahem Begin, la bible et le fusil*, Paris, Media, 1977.

Ritchie Ovendale, *The origins of the Arab-Israeli wars*, New-York, Longman, 1984.

Amnon Rubinstein, *Le rêve et l'histoire, le sionisme, Israël et les juifs*, Paris, Calmann-Lévy, 1985.

Maxime Rodinson, *Israël et le refus arabe, 75 ans d'histoire*, Paris, Seuil, 1968.

Nadav Safran, *From war to war, the Arab-Israeli confrontation 1948-1967*, New-York, Pegasus, 1969.

Samuel Seguev, *La Guerre des Six Jours*, Paris, Calmann-Lévy, 1967.

Zeev Schiff, Eliahu Ben-Elissar, *La guerre israélo-arabe*, Paris, Julliard, 1967.

René Schwok, *Moyen-Orient, perspectives régionales et internationales*, Cahier d'histoire et de politique internationale n° 5, IUHEI, Genève, 1985.

Eric Rouleau, Jean-Francis Held, Jean et Simone Lacouture, *Israël et les Arabes, le troisième combat*, Paris, Seuil, 1967.

Les Temps Modernes, « Le conflit israélo-arabe », Paris, 1967.

P.J. Vatikiotis, *Nasser and his generation*, New-York, San Martin, 1978.

Harold Wilson, *The chariot of Israel, Britain, America and the state of Israel*, New-York, Weidenfeld and Nicolson, 1981.

Patrick Wasman et René-François Teissedre, *Nos politiciens face au conflit israélo-arabe*, Paris, Fayard, 1969.

INDEX

EDITIONS COMPLEXE

la mémoire du siècle

Collection dirigée par André Versaille

---

1. GERARD CHALIAND ET YVES TERNON
1915-1917, LE GENOCIDE DES ARMENIENS

2. HENRI MICHEL
1939, LA DEUXIEME GUERRE MONDIALE COMMENCE

3. MARC FERRO
1917, L'OCCIDENT DEVANT LA REVOLUTION SOVIETIQUE

4. FRED KUPFERMAN
1944-1945, LE PROCES DE VICHY :
PUCHEU, PETAIN, LAVAL

5. OLIVIER CARRE
1970, SEPTEMBRE NOIR
Refus arabe de la résistance palestinienne

6. HENRI MICHEL
1944, LA LIBERATION DE PARIS

7. PIERRE BROUE
1940, L'ASSASSINAT DE TROTSKY

8. KAREL KAPLAN
1952, PROCES POLITIQUES A PRAGUE

9. HENRI ARVON
1921, LA REVOLTE DE CRONSTADT

10. ROLAND LEW
1949, MAO PREND LE POUVOIR

11. MICHEL LAUNAY
1919, VERSAILLES, UNE PAIX BACLEE ?
Le XXème siècle est mal parti

12. FRANÇOIS FEJTO
1956, BUDAPEST, L'INSURRECTION
La première révolution anti-totalitaire

13. JEAN-PIERRE RAGEAU
PRAGUE 48
Le rideau de fer s'est abattu

14. YVES TERNON
1917-1921, MAKHNO, LA REVOLTE ANARCHISTE

15. PAVEL TIGRID
1953-1981, REVOLTES OUVRIERES A L'EST

16. GEORGES GORIELY
1933, HITLER PREND LE POUVOIR

17. GORDON GOLDING
1925, LE PROCES DU SINGE
La Bible contre Darwin

18. ARTHUR FUNK
1945, DE YALTA A POTSDAM
Des illusions à la guerre froide

19. CLAUDE DELMAS
COREE 1950
Paroxysme de la guerre froide

20. JEAN-PIERRE ALEM
1917, LA DECLARATION BALFOUR
Aux sources de l'Etat d'Israël

21. ALEXANDRA KWIATKOWSKA-VIATTEAU
1940-1943, KATYN
L'ARMEE POLONAISE ASSASSINEE

22. PIERRE DAIX
1964, L'AVENEMENT DE LA NOMENKLATURA
LA CHUTE DE KHROUCHTCHEV

23. FRED KUPFERMAN
1917, MATA-HARI
Songes et mensonges

24. MARC FERRO
1956, SUEZ
Naissance d'un Tiers-Monde

25. JEAN-MARIE BROHM
1936, JEUX OLYMPIQUES A BERLIN

26. PAUL DUMONT
1923, MUSTAPHA KEMAL
Invente la Turquie moderne

27. ANDRE KASPI
1974, LE WATERGATE
La démocratie à l'épreuve

28. RENE REMOND
1958. LE RETOUR DE DE GAULLE

29. ADELIN GUYOT ET PATRICK RESTELLINI
1933-1945, L'ART NAZI
Un art de propagande
Préface de Léon Poliakov

30. MAURICE VAISSE
1961, ALGER, LE PUTSCH

31. CLAUDE DELMAS
1961-1962, CRISES A CUBA

32. MARIE-FRANCE TOINET
1947-1957, LA CHASSE AUX SORCIERES

33. JEAN RABAUT
1914, JAURES ASSASSINÉ

34. HELENE CARRERE D'ENCAUSSE
1956, LA DESTALINISATION COMMENCE

35. ALEXANDRA KWIATKOWSKA-VIATTEAU
1944, VARSOVIE INSURGEE

36. MOHAMMED HARBI
1954, LA GUERRE COMMENCE EN ALGERIE

37. JEAN LACOUTURE
1962, ALGERIE LA GUERRE EST FINIE

38. CHAPOUR HAGHIGHAT
1979, IRAN, LA REVOLUTION ISLAMIQUE

39. FRANÇOIS BEDARIDA
1940, LA BATAILLE D'ANGLETERRE

40. ANNE DE TINGUY
1972, USA-URSS, LA DETENTE

41. FRANÇOIS-XAVIER COQUIN
1905, LA REVOLUTION RUSSE MANQUEE

42. CLAUDE DELMAS
1945, LA BOMBE ATOMIQUE

43. JACQUES VANDERLINDEN
1959-1960, LA CRISE CONGOLAISE

44. PIERRE ASSOULINE
1945, L'EPURATION DES INTELLECTUELS

45. ANNE-MARIE LE GLOANNEC
1961, UN MUR A BERLIN

46. JOEL ET DAN KOTEK
1948, L'AFFAIRE LYSSENKO

47. EMILE TEMIME
1936, LA GUERRE D'ESPAGNE COMMENCE

48. NICOLAS WERTH
1936-1938, LES PROCES DE MOSCOU

49. ALAIN GRESH ET DOMINIQUE VIDAL
PALESTINE 47, UN PARTAGE AVORTÉ

50. PIERRE GERBET
1957, LA NAISSANCE DU MARCHE COMMUN

51. LILLY MARCOU
1947, LA GUERRE FROIDE : L'ENGRENAGE

52. ANDRE KASPI
ETATS-UNIS 68
L'année des contestations

53. ANNETTE WIEVORKA
1961, LE PROCES EICHMANN

54. ANAHIDE TER MINASSIAN
1918-1920, LA REPUBLIQUE ARMENIENNE

55. PIERRE HAZAN
1967, LA GUERRE DES SIX JOURS

la mémoire des siècles

201. CLAUDE MOSSE
– 399, LE PROCES DE SOCRATE

202. ERIC VIBART
1767-1797, TAHITI
Naissance d'un paradis au siècle des Lumières

203. JEAN-PAUL BERTAUD
1799, BONAPARTE PREND LE POUVOIR
La République meurt-elle assassinée ?

204. ROLAND MARX
1888, JACK L'EVENTREUR
et les fantasmes victoriens

205. JANINE GARRISSON
1572, LA SAINT-BARTHELEMY

206. PAUL M. MARTIN
-44, TUER CÉSAR !

207. GUY CHAUSSINAND-NOGARET
1789, LA BASTILLE EST PRISE
La Révolution française commence

208. MICHEL VOVELLE
1793-1794, LA REVOLUTION CONTRE L'EGLISE
De la Raison à l'Etre suprême

209. CLAUDE PETITFRERE
1784, LE SCANDALE DU MARIAGE DE FIGARO
Prélude à la Révolution française ?

210. PASCAL ORY
1889, L'EXPO UNIVERSELLE

211. FRANÇOISE BRUNEL
1794, THERMIDOR

212. JACQUES GUILHAUMOU
1793, LA MORT DE MARAT

213. ARLETTE LEBIGRE
1679-1682, L'AFFAIRE DES POISONS

à paraître

PIERRE DARMON
1774, L'INOCULATION DE LOUIS XVI

questions au XXᵉ siècle

Collection dirigée par Serge Berstein et Pierre Milza

1. RENATA FRITSCH-BOURNAZEL
L'ALLEMAGNE : UN ENJEU POUR L'EUROPE
Préface d'Alfred Grosser

2. MICHELE COINTET-LABROUSSE
VICHY ET LE FASCISME

3. ARIANE CHEBEL D'APPOLLONIA
L'EXTREME-DROITE EN FRANCE
De Maurras à Le Pen

4. OLIVIER MILZA
LES FRANÇAIS DEVANT L'IMMIGRATION

5. RAOUL GIRARDET e.a.
LA DEFENSE DE L'EUROPE

6. JEAN-JACQUES BECKER
LA FRANCE EN GUERRE (1914-1918)

7. JEAN GUIFFAN
LA QUESTION D'IRLANDE

8. PIERRE MILZA, FANETTE ROCHE-PEZARD e.a.
ART ET FASCISME

9. ALAIN DESTEXHE
AMERIQUE CENTRALE
Enjeux politiques

10. NADINE PICAUDOU
LA DECHIRURE LIBANAISE

11. YVES GAUTHIER
LA CRISE MONDIALE
De 1973 à nos jours

Achevé d'imprimer
en août 1989
sur les presses
de Gedit
en Belgique (CEE).

Illustration de couverture:
La Guerre Sainte, juin 1967

ISBN 2-87027-300-2
D/1638/1989/32

SA Diffusion Promotion Information
24, rue de Bosnie
1060 Bruxelles

n° 314

